Dietrich-E. Franz

SAINT-SIMON, FOURIER, OWEN

Sozialutopien des 19. Jahrhunderts

Amaurotū vrbs.
Fons Anydri.
Ostium anydri
Hythlodaeus.

DIETRICH-E. FRANZ

Saint-Simon, Fourier, Owen

SOZIALUTOPIEN DES 19. JAHRHUNDERTS

PAHL-RUGENSTEIN

Autor:
Dr. phil. Dietrich-E. Franz
Sektion Marxistisch-leninistische Philosophie
der Friedrich-Schiller-Universität Jena

S. 2:
Abbildung der Insel »Utopia«. Holzschnitt aus der Baseler Ausgabe der Utopia von 1518 des Morus

Pahl-Rugenstein Verlag, Köln 1988
Vom Urania-Verlag genehmigte Lizenzausgabe

Printed in the German Democratic Republic
ISBN 3-7609-1094-7

Inhalt

Utopisches Denken – Geschichte und Gegenwart

UTOPIEN und überhaupt der gesamte Bereich des Utopischen haben auf die Menschheit seit langem eine besondere Faszination ausgeübt, weil sich darin häufig etwas von ihren Träumen, Sehnsüchten und Hoffnungen findet. Sie können aber auch Ausdruck der Befürchtungen und Ängste der Menschen sein, eine Warnung vor möglichen unerwünschten oder gar gefährlichen Entwicklungen. Vor allem die Science-Fiction-Literatur bietet dafür zahlreiche Beispiele.

Auf jeden Fall entspringen die Utopien der aktuellen gesellschaftlichen Situation und widerspiegeln die jeweiligen Interessen der Menschen, denn wohl seit jeher richteten sie ihre Bemühungen darauf, sich ihr Leben zu erleichtern, ihre Daseinsbedingungen zu entwickeln und zu vervollkommnen. Diese angestrebte allseitige und harmonische Entwicklung der Persönlichkeit ebenso wie die Umgestaltung der gesellschaftlichen Verhältnisse zu einer harmonischen Gemeinschaft waren daher jene Schwerpunkte, auf die sich das Idealstreben der Menschen vor allem orientierte. Frieden, persönliches und gesellschaftliches Glück, ein Leben frei von Unterdrükkung und Ausbeutung, die Beseitigung der schreienden Widersprüche zwischen Armut und Reichtum, eine aktive Mitwirkung breiter Schichten des Volkes an allen bedeutenden öffentlichen Angelegenheiten und nicht zuletzt Kollektivität, Gemeinsinn und Solidarität waren dabei die wichtigsten Zielstellungen.

Was nun den Bereich gesellschaftlicher Ideale anlangt, also den Entwurf und die Beschreibung dementsprechender sozialer und politisch-staatlicher Zustände, so hat sich dafür — seit Thomas Morus — der Begriff Utopie eingebürgert.

Utopisches Denken und Utopien sind allerdings viel älter und haben eine fast dreitausendjährige Geschichte. Sie erwiesen sich in dieser langen Zeit vornehmlich als ideologisches Banner der Entrechteten und Unterdrückten. Sklavenauf-

Platon (427–347 v. u. Z.), bekannter athenischer Philosoph, war mit seinen idealistischen Vorstellungen in »Der Staat«, 372 v. u. Z., für viele ein Vorbild.

stände in der Antike, wie etwa der Aufstand des Aristonikos im 2. Jh. v. u. Z., dessen Anhänger sich in offensichtlicher Anlehnung an Iambulos' Utopie von den »Sonneninseln« Heliopoliten nannten, sind dafür ebenso Zeugnis wie die Tatsache, daß im Mittelalter vom Urchristentum ausgehende, religiös gefärbte utopische Konzeptionen die Proteste unterdrückter Bauern und städtisch-plebejischer Schichten begleiteten. Auch in den bürgerlichen Revolutionen der Neuzeit spielten soziale Utopien eine nicht zu unterschätzende Rolle.

Eine erste Blütezeit erlebte der Utopismus im antiken Griechenland und Rom sowie im alten China. Davon zeugen die sozialen Utopien eines Euhemeros, Iambulos, Zenon oder Platon wie auch die eines Lao-zi, Konfuzius oder Mo-Di, um nur einige herausragende Vertreter zu nennen. Danach wurde es zunächst für längere Zeit um die sozialen Utopien relativ ruhig. Zumindest in Europa sind in der nachfolgenden Zeit, bis an das 16. Jh. heran, keine bedeutenden sozialen Utopien bekannt geworden; lediglich im Nahen und Mittleren Osten sowie im Westen des islamischen Imperiums erleben wir zwischen dem 9. und 12. Jh. ein gewisses Aufleben des Utopismus, der sich auch in den Werken so hervorragender Gelehrter wie beispielsweise Ibn Baǧǧah (Avempace) oder Ibn Tufail (Abubacer) nachweisen läßt. Allerdings verlischt auch dort anschließend der Utopismus bis in das 19. Jh. hinein.

In Europa also begann der Utopismus erst nach einer mehr als tausendjährigen Pause wieder eine Rolle zu spielen, brach dann aber mit größter Vehemenz hervor. Die Utopien erwiesen sich dabei als ein bedeutender Ausdruck der gesamteuropäischen geistigen Bewegung des Renaissancehumanismus. Jene Epoche war gekennzeichnet durch die großen Entdeckungsreisen, den davon ausgehenden Aufschwung des Welthandels, durch die verstärkte Entwicklung der Produktivkräfte, den beginnenden Übergang vom Handwerk zur Manufaktur sowie die beschleunigte Herausbildung frühkapitalistischer Produktionsverhältnisse. »Es war die größte progressive Umwälzung, die die Menschheit bis dahin erlebt hatte«, wie Friedrich Engels einschätzte. (10, 20, S. 312) Es wurde zugleich eine Entwicklung eingeleitet, die die Opposition gegen feudale und frühkapitalistische Ausbeutungsverhältnisse begründete und sodann in die bürgerlichen Revolutionen mündete.

Wenn der englische Lordkanzler und humanistische Denker Thomas Morus auch der erste gewesen sein mag, der mit der utopischen Form in diese Auseinandersetzungen eingriff, so stand er damit doch längst nicht allein. Wir wissen beispielsweise, welch unmittelbaren Einfluß der große Humanist Erasmus von Rotterdam auf Entstehung und Veröffentlichung von Morus' berühmtestem Werk »Utopia« hatte. Wir wissen ebenfalls, daß auch anderswo, beispielsweise in Deutschland, wo der Bauernkrieg die Spannung zwischen Neuem und Altem bis auf die Ebene des bewaffneten Aufstands hob, zeitgleich eine Reihe utopischer Projekte entstanden, die teilweise in konkreten politischen und sozialen Forderungen ihren Ausdruck fanden, denken wir nur an die zahlreichen Artikel- und Beschwerdebriefe der verschiedenen Bauernhaufen oder an Müntzers, Hergots oder Gaismairs Reformentwürfe und utopische Programme.

Campanella, Andreae, Harrington, Winstanley, Vairasse, Meslier und viele andere — sie alle belegen den Aufschwung, den das utopische Denken vom 16. bis zum Beginn des

Thomas Morus (1478 bis 1535). Kupferstich von J. Chr. Böcklin

18. Jh. nahm. Verbunden mit religiös motivierten Zukunftsvorstellungen wurde der Utopismus zu einem wesentlichen Element der Ideologie frühbürgerlicher und bürgerlicher Revolutionen dieser Zeit.

Hinzuweisen ist gleichfalls auf einen neuen Zug in den Utopien, nämlich die Verbindung von sozialem und wissenschaftlich-technischem Fortschritt, wie sie in Francis Bacons Fragment »Neu-Atlantis« programmatisch ausgesprochen ist. Bacon ging, wie andere gleichzeitige oder spätere Utopisten ebenfalls, davon aus, das Glück der Menschheit durch erhöhte Arbeitsproduktivität zu erreichen, und sah das wichtigste Mittel dazu in der Einbeziehung von Wissenschaft und Technik in den Produktionsprozeß. Karl Marx hat gerade dieser Problematik in den Vorarbeiten zu seinem Hauptwerk »Das Kapital« große Aufmerksamkeit gewidmet. Insgesamt handelt es sich bei den Utopien dieses Zeitraums um Projekte, die überwiegend einen bürgerlichen bzw. sozialistisch/kommunistischen Charakter tragen.

Im Verlaufe des 18. Jh. gewann das utopische Denken weiter an Breite und theoretischer Tiefe und gipfelte in den Utopien der französischen Revolution, deren wohl namhaftester Vertreter Babeuf ist.

Auf beeindruckende Weise wurden vom utopischen Denken nunmehr verstärkt die Errungenschaften neuerer Philosophie aufgegriffen und ausgenutzt, und wir konstatieren zudem die — teilweise auch personelle — Übereinstimmung mit den Grundpositionen der Aufklärung. Mehr noch: Utopien bilden selbst ein wesentliches Moment der Aufklärung. Davon zeugen solche hervorragenden Leistungen wie die Schriften Mablys und Morellys, Rousseaus, Diderots, Deschamps', Godwins und Spences, eines Wieland, Lessing, Herder, Frölich oder Knigge.

Die Utopien des 18. Jh. weisen ein ebenso breites wie differenziertes Spektrum auf. Viele von ihnen sind revolutionär und tragen einen sozialistischen oder kommunistischen Charakter. Eine ganze Reihe gründen auf materialistischen Positionen. Wir finden unter ihnen »Meisterwerke der Dialektik« (10, 20, S. 19) und sehen, daß die Engländer (Godwin und Bentham) »den von den Franzosen vernachlässigten ökonomischen Inhalt« wieder aufnahmen. (10, 3, S. 397) Allerdings teilten auch sie die großen Illusionen, die vor und während der Revolution durch die Köpfe spukten. Daher trifft auch auf sie zu, was Engels für die theoretischen Leistungen dieser Zeit resümierend feststellte: »So wenig wie alle ihre Vorgänger konnten die großen Denker des 18. Jahrhunderts hinaus über die Schranken, die ihnen ihre eigene Epoche gesetzt hatte.« (10, 19, S. 190) Die Große Revolution hatte zwar in Frankreich das alte Regime hinweggefegt, sie hatte ganz Europa erschüttert, aber die Hoffnungen der Millionen Entrechteten und Unterdrückten konnte sie nicht erfüllen. Schon bald erwiesen sich die neuen gesellschaftlichen und politischen Verhältnisse — verglichen mit den vorrevolutionären Erwartungen und Versprechungen — als »bitter enttäuschende Zerrbilder«. (10, 19, S. 193)

Die neue gesellschaftliche Kraft, das Proletariat, befand sich erst in der Phase der Herausbildung als eigenständige Klasse, war sich ihres Gegensatzes zur Bourgeoisie noch nicht bewußt und daher zu selbständiger politischer Aktion noch nicht fähig. Sie stellte sich vielmehr dar »als unterdrückter, leidender Stand, dem in seiner Unfähigkeit, sich selbst zu helfen, höchstens von außen her, von oben herab Hülfe zu bringen war«. (10, 19, S. 193)

Ein solches Verständnis beherrschte daher auch die Schriften Saint-Simons, Fouriers und Owens, die nach der Jahrhundertwende den kritisch-utopistischen Sozialismus als neue Stufe des utopischen Denkens begründeten.

Der kritisch-utopistische Sozialismus war in der nachrevolutionären Zeit ein neuerlicher Versuch, ausgehend von der neuen gesellschaftlichen Situation, andere Wege zur Überwindung der weiterbestehenden gesellschaftlichen Widersprüche, insbesondere der Klassengegensätze, zu weisen. Es ist dabei durchaus verständlich, daß die kritisch-utopistischen Sozialisten angesichts der Revolutionswirren und der nachfolgenden Kriege vorrangig friedliche Konzepte zur Umwandlung der Gesellschaft propagierten. Zugleich ist hervorzuheben, daß sie in mancherlei Hinsicht zu tieferen Einsichten in gesellschaftliche Zusammenhänge gelangten als ihre Vorgänger aus dem aufklärerischen Lager und sie daher in ihren Theorien über diese hinausgingen. In Frankreich vermittelt vornehmlich durch Cabet und Blanc, in England in direkter Anknüpfung an Owen und unter linksricardianischer Beeinflussung mündete der kritisch-utopistische Sozialismus in den Arbeiterkommunismus. Das war jene »theoretische und politische Strömung des Frühproletariats, die sich in der zweiten Hälfte der 30er Jahre des 19. Jahrhunderts in Frankreich, England und Deutschland ausprägt hat und die Erfahrungen der ersten Kämpfe des westeuropäischen Proletariats in noch utopischer Form verallgemeinert, um die Arbeiterbewegung als ideologisch und politisch-organisatorisch selbständige Kraft zu formieren«. (29, S. 117)

Damit erreichte der soziale Utopismus gewissermaßen seinen Höhepunkt. Das zunehmende Verschmelzen sozialutopischen Denkens mit den realen Kräften, die in der Lage waren, diese Ideen tatsächlich in die Wirklichkeit umzusetzen, bildete so den Abschluß der aufsteigenden Linie utopischen Denkens.

Mit der sich unmittelbar anschließenden Ausbildung des wissenschaftlichen Sozialismus durch Marx und Engels, die an die positiven Leistungen u. a. auch der utopischen Denker anknüpften, aber gleichzeitig konsequent deren Mängel aufdeckten und überwanden, ist jener Punkt erreicht, wo die realen Wege für die Verwirklichung all der Wünsche, Träume und auch praktischen Versuche aufgezeigt werden, die über

Wilhelm Weitling (1808–1871), Mitglied des »Bundes der Gerechten« und des »Bundes der Geächteten«. Bei ihm verbanden sich Traditionen des Urchristentums mit utopisch-kommunistischen Auffassungen.

die Jahrhunderte, ja Jahrtausende die Menschen zu Utopien hatten Zuflucht suchen lassen.

Man könnte nun meinen, damit sei das Kapitel Utopie innerhalb der Geschichte sozialer Ideen abgeschlossen. Und obwohl es seither genügend Stimmen gegeben hat, die von einem solchen Schlußpunkt der Utopien sprachen, ihnen zumindest keine große Zukunft prophezeiten, weil davon ausgegangen wurde, daß die Realisierung der Utopie ihr Ende bedeute, bleibt dennoch festzustellen, daß die Utopien auch in der Folgezeit ihre Lebenskraft bewahrt haben.

Gewiß, heute ist bereits vieles Wirklichkeit geworden, wovon die Utopisten seinerzeit nur träumen konnten. Selbst die phantastischen Reisen zum Mond oder anderen Planeten sind mit dem Beginn der bemannten Raumfahrt aus dem Bereich der Utopien entlassen. Ganz zu schweigen davon, daß sich inzwischen in einem beträchtlichen Teil unserer Welt der Aufbau einer Gesellschaft vollzieht, in der die Menschen frei von Ausbeutung und Unterdrückung arbeiten und leben können, wo sie immer mehr Herren ihrer selbst werden und wo sich der Bereich der immer besseren Befriedigung der materiellen und geistigen Bedürfnisse durch ihr eigenes Handeln von Tag zu Tag erweitert. Seit etwa einem Jahrzehnt jedoch bemerken wir wiederum ein spürbar gewachsenes Interesse für Utopisches, und allenthalben begegnen wir einer intensiven Beschäftigung mit Utopie. Philosophen und Gesellschaftstheoretiker, Historiker und Juristen, Ökonomen und Altertumswissenschaftler sowie Vertreter vieler anderer Disziplinen, die Bereiche Medizin, Naturwissenschaften und Technik eingeschlossen, haben inzwischen in die Diskussionen eingegriffen. Die Fülle an Stellungnahmen zum Thema ist kaum noch überschaubar.

Es ist daher verständlich, daß immer mehr Fragen und Probleme aufgeworfen und immer mehr Lösungsversuche angeboten werden. Und es ist schließlich nicht verwunderlich, daß dabei ein sehr breites Spektrum von Meinungen und Positionen zutage tritt, das mindestens ebenso breit gefächert ist wie das Spektrum der Gründe und Motive, die Anlaß und Ursache für diese verstärkte Aufmerksamkeit sind, die Utopisches gegenwärtig genießt. Sie reichen von der das Phänomen Utopie unmittelbar tangierenden immerwährenden natürlichen Neugier des Menschen auf das Morgen, seinem Wunsch und Streben, ein wenig mehr darüber zu erfahren, was die Zukunft bringen kann oder bringen wird, bis zu aktuell vermittelten, gewissermaßen abgeleiteten Ursachen, wie den in jüngerer Zeit begangenen Jubiläen von bekannten Utopisten oder Utopien, was allerdings selbst wiederum Ausdruck des großen Interesses an Utopischem ist. Die eigentlichen Ursachen jedoch liegen weder im Erkenntnistheoretischen noch in der zufälligen Häufung von erinnerungswürdigen Jahrestagen, sie sind vielmehr mit den konkreten Aufgaben und Problemen verbunden, vor die die Menschen in unserer Zeit gestellt sind.

Ein ganz wesentlicher Grund für die gegenwärtig verstärkte Diskussion um Utopie und Utopisches besteht daher sicherlich in der Dynamik, mit der sich die gesellschaftliche Entwicklung vollzieht. Im System der Produktivkräfte und eng damit verbunden in der gesellschaftlichen Arbeit finden derzeit wahrhaft revolutionäre Umwälzungen statt. Der wissenschaftlich-technische Fortschritt vollzieht sich mit großem Tempo und greift in immer mehr Bereiche des gesellschaftlichen Lebens ein. Ohne die bedeutenden wissenschaftlich-technischen Neuerungen unserer Zeit, wie z. B. die Mikroelektronik und ihre Anwendungen, die Lasertechnik, die Biotechnologie, kann heutzutage kein einziges Problem von gesellschaftlicher Tragweite mehr im Interesse des Menschen gelöst werden. Es steht zudem außer Frage, daß der wissenschaftlich-technische Fortschritt zu tiefgreifenden Veränderungen in den Arbeitsinhalten und der Lebensweise der Werktätigen führt. Die Konturen dessen sind bereits überall deutlich erkennbar.

Die Möglichkeiten, die Wissenschaft und Technik in unserer Zeit eröffnet haben und ständig weiter eröffnen, zeigen allerdings bei ihrer praktischen Verwirklichung eine große Widersprüchlichkeit. Wir haben es einerseits mit einer umfassenden Intensivierung der Produktion, mit der Erweiterung der Macht des Menschen über die Natur in bisher nicht gekanntem Ausmaß, mit der Erschließung neuer Quellen zur Steigerung der Arbeitsproduktivität und neuen Möglichkeiten für den Übergang zu einem ressourcensparenden Wirtschaftswachstum zu tun. Während im Sozialismus die wissenschaftlich-technische Revolution unmittelbar im Interesse des werktätigen Volkes vollzogen wird, sie der immer besseren Befriedigung der materiellen und geistigen Bedürfnisse der arbeitenden Menschen dienen soll, wird sie im Kapitalismus andererseits jedoch dem Interesse der Monopole, der Erzielung von Maximalprofit auf Kosten der Werktätigen dienstbar gemacht. Eine bis an die Grenzen der Perversion getriebene Hochrüstung, die erbarmungslose und massenhafte Vertreibung der Menschen in die Untätigkeit im Gefolge von Rationalisierungsmaßnahmen, die rücksichtslose Belastung oder Zerstörung der natürlichen Umwelt, psychische Umweltverschmutzung durch gezielte Fehlinformationen imperialistischer Massenmedien, gar Vorstellungen von der »Züchtung eines Elitemenschen«, dies und vieles andere mehr zeigt die andere Seite.

Obwohl sich der wissenschaftlich-technische Fortschritt natürlich auch unter sozialistischen Bedingungen nicht problemlos gestaltet und durchsetzt, er eine Fülle von neuen Fragen und Problemen bei seiner Beherrschung, eingeschlossen die gesellschaftlichen Wirkungen, aufwirft, so läßt sich dennoch auf einen Blick konstatieren, daß die negativen sozialen Folgeerscheinungen und Gefahren für Mensch und Umwelt, die die Anwendung von Wissenschaft und Technik im Imperialismus mit sich bringt, unvergleichlich größer sind als im Sozialismus. Gerade aber diese Tatsache bildet einen äußerst fruchtbaren Boden für die Renaissance utopischen Denkens, für das Entstehen von neuen Utopien in jenem Teil der Welt. Diese Utopien sind überaus vielfältig und schreiten das gesamte Spektrum zwischen Hoffnung und Zweckoptimismus einerseits sowie grenzenlosem Pessimismus andererseits aus.

Ähnlich stellt sich die Situation bei den globalen Problemen dar. Gleich, ob es sich um Fragen der Umwelt, der Ressourcen, der Energie, der Bevölkerungsentwicklung und Ernährungssituation, der menschlichen Gesundheit, des Wirtschaftswachstums oder der internationalen ökonomischen, politischen und kulturellen Beziehungen handelt, in jedem Falle ist der Kapitalismus aus systemeigenen Ursachen nicht in der Lage, umfassende und dauerhafte Lösungen anzubieten. Dabei verfügen die kapitalistischen Industriestaaten durchaus über beträchtliche ökonomische und wissenschaftliche Potenzen, um auf diesen Gebieten deutliche Fortschritte zu erreichen. Wie aber das globale Problem Nr. 1, die Sicherung des Friedens durch Rüstungsbegrenzung und Abrüstung, in erster Linie im Bereich der Nuklearwaffen und anderen Massenvernichtungsmittel, beweist, sind maßgebliche Kreise vor allem der USA und anderer NATO-Staaten nicht ernsthaft an der Bewältigung dieser Probleme und Aufgaben interessiert.

Die vielfältigen Anstrengungen hingegen, die von den sozialistischen Staaten, aber ebenso von zahlreichen Entwicklungsländern unternommen werden, um die globalen Probleme zu beherrschen, sind natürlich vom jeweils erreichten Entwicklungsstand abhängig. Er bestimmt im wesentlichen die realen Möglichkeiten dessen, was gegenwärtig lösbar ist. Zudem werden diese Anstrengungen in ihrer Wirkung durch mannigfache Einflüsse begrenzt und eingeengt, denen sich diese Länder durch die kapitalistischen Staaten ausgesetzt sehen. Ökonomische und außerökonomische Zwänge wirken hier häufig genug als bremsender Faktor oder verhindern mögliche Fortschritte.

Dennoch verlangen die genannten Probleme nach einer rechtzeitigen Lösung, die in nicht wenigen Fällen keinerlei Aufschub duldet, soll nicht die Existenz der gesamten Menschheit in Gefahr geraten. Die Forderung nach einer Koalition der Vernunft, für die sich nicht allein die sozialistischen Staaten, sondern breite Kreise realistisch denkender Menschen in aller Welt aussprechen, betrifft daher nicht nur die Friedenssicherung, sondern ebenso die vielfältige und breit gefächerte

Palette globaler Fragen und Probleme. Es liegt in der Natur der Sache, daß diese Problematik, wie es ja in der Bezeichnung zum Ausdruck kommt, keine Länder- oder Systemgrenzen kennt und bei ihrer Lösung internationale Zusammenarbeit dringend geboten ist.

Ausgehend von den Berichten des Club of Rome sind die globalen Probleme der Menschheitsentwicklung immer stärker ins öffentliche Bewußtsein gerückt und zugleich Gegenstand intensiver weltanschaulicher Auseinandersetzungen geworden. Es kann daher nicht verwundern, wenn im Kapitalismus die Ohnmacht gegenüber derartigen Problemen, wie überhaupt die Ohnmacht gegenüber der sich verschärfenden Krise des Kapitalismus, eine Flucht in Utopie bewirkt. Diese Flucht darf nun allerdings nicht einzig so verstanden werden, daß eine Fülle neuer Utopien dazu herhalten muß, Auswege aus dem Dilemma zu weisen. Wir haben es beim Verhältnis bürgerlichen Denkens zur Utopie vielmehr mit einem komplexen, vielschichtigen, äußerst differenzierten Verhältnis zu tun. Es vereint in sich gleichzeitig Utopismus und Antiutopismus, weil sein Hauptmotiv sowohl in der Apologie des Kapitalismus wie in der Ablehnung des realen Sozialismus besteht. Dies zeigt sich beispielsweise darin, daß vornehmlich die konservativen Vertreter lange Zeit jegliche Utopie rigoros ablehnten und diese Verdammung des Utopischen zur Diffamierung des Marxismus nutzten, indem sie diesen selbst für utopisch erklärten. Sie machten sich dabei den Umstand zunutze, daß im allgemeinen Verständnis unter dem Begriff Utopie ein unausführbarer Plan ohne reale Grundlage verstanden wird und daß Formulierungen wie wirklichkeitsfremd, unwirklich, unerfüllbar, phantastisch und ähnliche als Synonyme für utopisch gelten.

Bei einem solchen Verständnis ist es natürlich einfach, alle großen Utopien der Vergangenheit ohne Unterschied als Hirngespinste zu diffamieren. Dabei wird geflissentlich übersehen, daß die Wirklichkeitsnähe der Utopien häufig viel größer ist als angenommen, denn die Utopien üben in der Regel durch die positive Darstellung eines anzustrebenden besseren oder idealen Zustands gesellschaftlicher und staatlicher Verhältnisse Kritik an der zeitgenössischen Realität. Die von den Utopisten entworfenen Bilder erweisen sich häufig als das genaue Gegenstück zur kritisierten Wirklichkeit. Zudem zielen die utopischen Entwürfe und Projekte in aller Regel auf Realisierung. Thomas Morus selbst bekannte freimütig, daß er »sehr vieles von der Verfassung der Utopier in unseren Staaten eingeführt sehen möchte«. (30, S. 131) Auch andere namhafte Philosophen und Staatstheoretiker empfanden nicht nur Sympathie für diverse utopische Programme, sie betonten zudem, daß in ihnen viele wertvolle Prinzipien und Anregungen enthalten sind, deren Verwirklichung von großem Nutzen sein würde. Friedrich Engels hat seinerzeit ebenfalls bei Gelegenheit der Beschäftigung mit Fourierschen Arbeiten auf die »Masse von neuen Ideen« verwiesen, die darin enthalten seien. (10, 2, S. 608)

Leider haben wir die Vielfalt dieser Ideen bisher nur ungenügend zur Kenntnis genommen und noch viel weniger aus ihnen geschöpft. In unserer Erbe-Rezeption heben wir zwar die Quellenfunktion des utopischen Sozialismus und Kommunismus für die Entstehung des Marxismus hervor, stellen ihn gleichwertig neben die Leistungen der klassischen deutschen Philosophie und der englischen politischen Ökonomie, betonen aber vorrangig seine Fehler und Schranken und vergessen dabei, die vielen wertvollen Gedanken nutzbar zu machen, die im Werk der utopischen Sozialisten und Kommunisten enthalten sind.

Der nachfolgende Überblick über das Leben und Werk der drei namhaftesten Vertreter des kritisch-utopistischen Sozialismus und Kommunismus, Claude-Henri de Saint-Simon, Charles Fourier und Robert Owen, soll deshalb zeigen, weshalb wir sie nicht allein als die »drei großen Utopisten« kennzeichnen, sondern in ihnen zu Recht auch die »Stifter des Sozialismus« sehen.

Claude-Henri de Saint-Simon

BEGINNEN wir unsere nähere Bekanntschaft zunächst mit dem Ältesten der drei großen utopischen Sozialisten: mit dem Grafen Saint-Simon.

Claude-Henri de Rouvroy Comte de Saint-Simon-Sandricourt, wie sein vollständiger Name lautet, wurde am 17. Oktober 1760 als zweites von neun Kindern in Paris geboren. Er entstammt einem alten picardischen Adelsgeschlecht, das seinen Ursprung — einer Familienlegende zufolge — auf Karl den Großen zurückführte. So vornehm und traditionsreich die Herkunft auch sein mochte und so imposant der Name klingt — vom großen Glanz einstiger Zeiten war im Hause der Eltern nicht mehr viel zu spüren. Der Sandricourt-Zweig der Saint-Simon gehörte längst zum »armen« Adel, denn ihr Besitz im Departement Aisne war verkauft worden. Claude-Henris Vater, der Graf Balthazard-Henri de Saint-Simon, blieb auf königliche Gnaden in Form von Pensionen und Zuwendungen angewiesen, und da ihm in geschäftlichen Dingen Unfähigkeit nachgesagt wurde, kann es nicht verwundern, daß er — wie aus verschiedenen überlieferten Briefen hervorgeht — als ruinierter Mann starb.

Enzyklopädisten – Bezeichnung für die prominentesten Mitarbeiter der von Diderot und d'Alembert zwischen 1751 und 1765 herausgegebenen »Enzyklopädie«, zu denen namhafte Aufklärer wie Voltaire, Montesquieu, Rousseau, Helvetius und Holbach, aber auch Persönlichkeiten der Wissenschaft wie Quesnay, Turgot oder Buffon gehörten. Insgesamt beteiligten sich 160 Personen an dem für die damalige Zeit einzigartigen Projekt.

Dennoch erhielt der junge Graf, zumal als ältester Sohn der Familie, eine seinem Stand und seiner Herkunft angemessene Ausbildung. Saint-Simon erinnerte sich in späteren Jahren an diese Erziehung und stellte resümierend fest:

»... man hat unsere noch zarten Seelen mit dem republikanischen Meißel bearbeitet. Die allerdemokratischsten Gefühle hat man uns eingeflößt. Als wir vom Studium der alten Sprachen zu dem der französischen Sprache übergingen, waren die Autoren, die man uns in die Hände legte, Jean-Jacques, Voltaire, Helvetius, Raynal, d'Alembert, also alle Enzyklopädisten, nicht einmal Diderot ausgenommen ... Unsere Erziehung hat ihr Ziel erreicht; sie hat uns zu Revolutionären gemacht.« (1, S. 71 f.) Daran mag etwas Wahres sein, denn nach seinem Eintritt in die Armee und Militärdienst als Garnisons-

Claude-Henri de Saint-Simon Lithographie von Engelmann (1788 bis 1839)

Marie-Joseph Lafayette (1757–1834), L. spielte in der Französischen Revolution eine prominente Rolle. Er avancierte zum General und war in den Jahren 1789–1791 Befehlshaber der Nationalgarde

George Washington (1732–1799) war im Unabhängigkeitskrieg (1775–1783) Oberbefehlshaber der nordamerikanischen Armee, wurde 1789 zum ersten Präsidenten der USA gewählt.

offizier meldete er sich 1779 als Freiwilliger, um — wie auch Lameth und Lafayette — am amerikanischen Unabhängigkeitskrieg teilzunehmen.

Jefferson, Thomas (1743–1826) – gehörte zu den radikalen Führern der Unabhängigkeitsbewegung; Verfasser der auf aufklärerischen und demokratischen Positionen beruhenden Unabhängigkeitserklärung; 1801/09 Präsident der USA

Bekanntlich hatten sich die 13 britischen Kolonien an der Ostküste Nordamerikas gegen die englische Krone aufgelehnt und unter Führung von George Washington und Thomas Jefferson ihren Abfall organisiert. Ein Jahr zuvor in den Unabhängigkeitskrieg gegen die Kolonialmacht eingetreten, erklärten die 13 Vereinigten Staaten von Nordamerika 1776 ihre Unabhängigkeit und verabschiedeten in Philadelphia die unter der Federführung des Virginiers Jefferson entstandene Erklärung der Menschenrechte. Ihr erster Artikel lautete:

»Alle Menschen sind von Natur aus gleichermaßen frei und unabhängig und besitzen bestimmte angeborene Rechte, die nach Eintritt in den Gesellschaftszustand weder ihnen noch ihren Nachkommen durch Vertrag oder gewaltsam entzogen werden können, nämlich das Recht auf Genuß des Lebens und der Freiheit, auf Erwerb und Besitz des Eigentums, auf

French and Indian Wars – kriegerische Auseinandersetzung zwischen Frankreich und England zur Durchsetzung von Kolonialinteressen, in deren Verlauf Frankreich große Teile seiner amerikanischen Besitzungen verlor und die englische Kolonialmacht erstarkte

Franklin, Benjamin (1706–1790) – amerikanischer Staatsmann und Wissenschaftler; war Mitverfasser der Unabhängigkeitserklärung

Glück und Sicherheit.« (29, S. 779) Solche Sätze begeisterten natürlich viele Franzosen, die durch die Schule des aufklärerischen Republikanismus gegangen waren, denn sie beinhalteten genau jene Forderungen des aufstrebenden Bürgertums, die auch im vorrevolutionären Frankreich in aller Munde waren.

Hinzu kam, daß die Schmach und die Niederlage, die Frankreich in den sog. Franzosen- und Indianerkriegen (French and Indian Wars, 1755—1763) durch Großbritannien erlitten hatte, noch nicht vergessen waren.

Benjamin Franklin, persönlich an der Unabhängigkeitserklärung der USA von 1776 beteiligt, baute auf beides, als er noch im selben Jahr als Gesandter nach Paris kam, um einen Beistandspakt zwischen den Insurgenten und Frankreich zu erwirken. Und in der Tat: Frankreich verbündete sich zwei Jahre darauf mit den Vereinigten Staaten gegen England und trug so dazu bei, die gerade erkämpfte Unabhängigkeit zu sichern und auszubauen. Die Zahl derer, die sich freiwillig

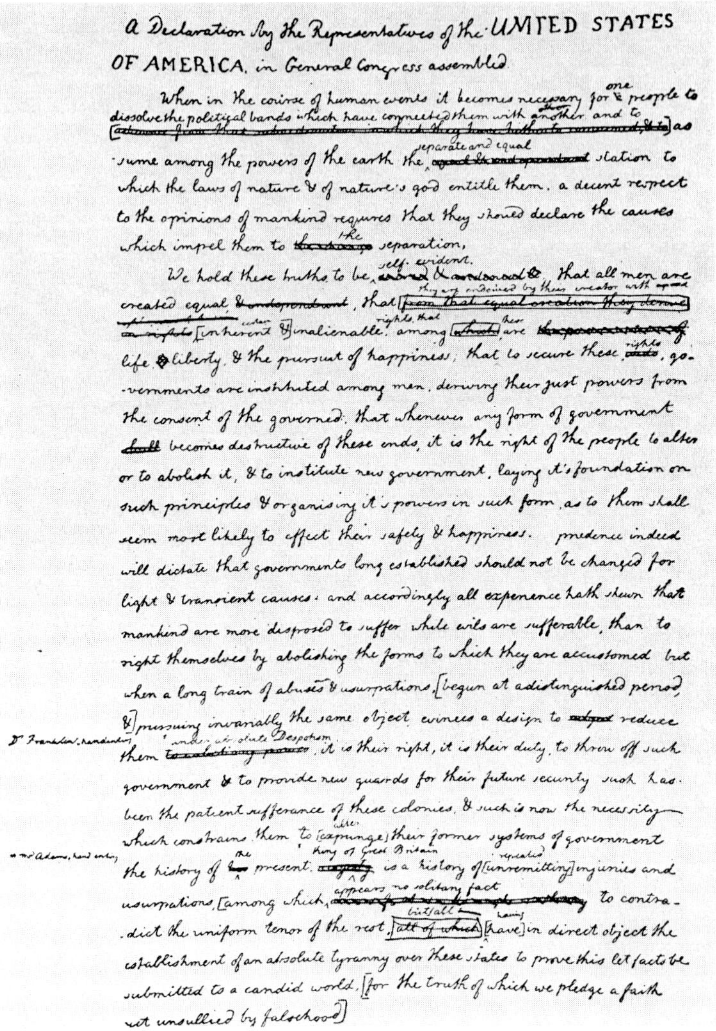
A Declaration by the Representatives of the UNITED STATES OF AMERICA, in General Congress assembled.

When in the course of human events it becomes necessary for one people to dissolve the political bands which have connected them with another, and to assume among the powers of the earth the separate and equal station to which the laws of nature & of nature's god entitle them, a decent respect to the opinions of mankind requires that they should declare the causes which impel them to the separation.

We hold these truths to be self-evident; that all men are created equal; that they are endowed by their creator with [inherent &] inalienable rights; that among these are life, liberty, & the pursuit of happiness; that to secure these rights, governments are instituted among men, deriving their just powers from the consent of the governed; that whenever any form of government becomes destructive of these ends, it is the right of the people to alter or to abolish it, & to institute new government, laying it's foundation on such principles & organising it's powers in such form, as to them shall seem most likely to effect their safety & happiness. prudence indeed will dictate that governments long established should not be changed for light & transient causes: and accordingly all experience hath shewn that mankind are more disposed to suffer while evils are sufferable, than to right themselves by abolishing the forms to which they are accustomed. but when a long train of abuses & usurpations [begun at a distinguished period &]pursuing invariably the same object, evinces a design to reduce them under absolute Despotism, it is their right, it is their duty, to throw off such government & to provide new guards for their future security. such has been the patient sufferance of these colonies; & such is now the necessity which constrains them to [expunge] their former systems of government. the history of the present King of Great Britain is a history of [unremitting] injuries and usurpations, [among which appears no solitary fact to contradict the uniform tenor of the rest, but all have] in direct object the establishment of an absolute tyranny over these states. to prove this let facts be submitted to a candid world, [for the truth of which we pledge a faith yet unsullied by falsehood]

Dr Franklin's handwriting

Mr Adams's handwriting

Faksimile des Originalentwurfs der Unabhängigkeitserklärung der Vereinigten Staaten von Amerika von Thomas Jefferson

zum Expeditionskorps nach Amerika meldeten, war nicht gering, und unter ihnen befand sich also der noch nicht einmal zwanzigjährige Saint-Simon. Er diente damals gerade als Kapitän im »Kavalleriekorps des Regiments Touraine«. Des eintönigen Garnisonsdienstes überdrüssig, meinte er, durch seine Teilnahme an den Feldzügen in Amerika ein Stück seiner eigenen Ideale verwirklichen zu können. Immer dann, wenn er sich an diese Jahre erinnerte, ist ein gewisser Stolz nicht zu übersehen. »Ich war bei der Belagerung von York dabei«, schreibt er begeistert in seinem Werk »L'Industrie«, »ich habe

Cornwallis (1738–1805) – englischer General, kapitulierte am 19. Oktober 1781 vor der Unabhängigkeitsarmee; erlangte später traurige Berühmtheit durch die Niederschlagung von Unabhängigkeitsbestrebungen in Indien und Irland

recht erheblich zur Gefangennahme des Generals Cornwallis und seiner Armee beigetragen. Ich kann mich also als einer der Schöpfer der Freiheit der Vereinigten Staaten betrachten ...« (1, S. 74) Dieser selbst empfundene Stolz mag eine gewisse Berechtigung besitzen, denn immerhin nahm der junge Mann in diesen Jahren an insgesamt fünf Feldzügen teil, zeichnete sich durch große Tapferkeit aus, wurde verwundet und ausgezeichnet. Gegen Ende des Krieges geriet er gar in englische Gefangenschaft und kehrte erst nach Friedensschluß nach Europa zurück.

Es ist unbestreitbar, daß die Zeit in Amerika bei Claude-Henri tiefe Spuren hinterlassen hat. Die amerikanischen Jahre mit ihrem Enthusiasmus für Freiheit, Gerechtigkeit und Gleichheit ließen den Helden des Unabhängigkeitskrieges sein ganzes Leben nicht los. Auch nach seiner Rückkehr im Jahre 1783 verfolgte er die Entwicklung, die sich jenseits des großen Ozeans vollzog, »mit der größten Aufmerksamkeit und mit dem größten Interesse«, denn er glaubte bis ins hohe Alter daran, daß es sich die amerikanischen Bürger zum Ziel gesetzt hatten, »die schönste und einfachste Gesellschaftsordnung zu errichten, die jemals bestanden hat«. (1, S. 74) Erst zum Ende seines Lebens, als nämlich der durch und durch bürgerlich-kapitalistische Charakter der Menschenrechte in den USA offensichtlich wurde und sich Saint-Simons kritischer Blick für die Unzulänglichkeiten und Gebrechen der bourgeoisen Ordnung weiter schärfte, legte sich diese Bewunderung. Enttäuscht meinte er, Amerika unterscheide sich nunmehr von den englischen Verhältnissen nur noch dadurch, daß diese durch die Negersklaverei erweitert seien. Auch wenn er erst verhältnismäßig spät zu dieser Erkenntnis vorstieß, so haben wir es hier doch mit einem gleichermaßen treffenden wie scharfen Urteil zu tun.

Friedrich Engels hat in seiner bekannten Streitschrift »Herrn Eugen Dührings Umwälzung der Wissenschaft« und bei anderer Gelegenheit versucht, die Ursachen dafür aufzuhellen, daß sich zunächst viele Bewunderer der amerikanischen Revolution über deren wahren Charakter täuschen ließen. Er stellte dort fest, daß zu jener Zeit zunächst »Freiheit und Gleichheit proklamiert wurden als *Menschenrechte*«. (10, 20, S. 98) In einem Anhang zur amerikanischen Ausgabe der »Lage der arbeitenden Klasse in England« verwies er zudem darauf, daß es zwei Umstände gab, »die viele Jahre verhinderten, daß die unvermeidlichen Konsequenzen des kapitalistischen Systems in Amerika voll ans Tageslicht kamen. Diese bestanden in dem leichten Erwerb von billigem Land und in der starken Einwanderung. Sie erlaubten es lange Zeit der großen Masse der einheimischen amerikanischen Bevölkerung, sich in jüngeren Jahren von der Lohnarbeit ›zurückzuziehen‹ und Farmer, Händler oder Arbeitgeber zu werden, während die harte Lohnarbeit, die Stellung eines lebenslänglichen Proletariers hauptsächlich den Einwanderern verblieb«. (10, 21, S. 253)

Man kann es also Saint-Simon schwerlich zum Vorwurf machen, daß er noch lange Jahre den Idealen der amerikanischen Revolution anhing, daß er die von Anfang an in ihr enthaltenen Widersprüche nicht sah, weil sie damals kaum zu erkennen waren. Dafür sah er aber um so richtiger und tiefer die Wirkungen, die vom amerikanischen Kontinent auf das alte Europa ausgingen: »Ich ahnte«, so heißt es in den bereits zitierten »Briefen Henri Saint-Simons an einen Amerikaner«, »daß die amerikanische Revolution den Beginn einer neuen politischen Ära anzeigte, daß diese Revolution notwendigerweise einen bedeutenden Fortschritt in der gesamten Zivilisation herbeiführen müßte und daß sie schon bald große Veränderungen in der damaligen Gesellschaftsordnung Europas verursachen würde«. (1, S. 76) Er trifft sich in dieser Feststellung mit Karl Marx' Aussage im »Kapital«, daß »der amerikanische Unabhängigkeitskrieg des 18. Jahrhunderts die Sturmglocke für die europäische Mittelklasse läutete«. (10, 23, S. 15)

Nur wenige Jahre nach dem Sieg der Insurrektion in Nordamerika läuteten in Paris tatsächlich die Sturmglocken. Im Sommer 1789 riefen sie die Bürger zu den Waffen. Am 14. Juli stürzte dann mit der Bastille nicht nur ein Symbol feudaler Macht, sondern diese alte Macht selbst. Im November jenes bedeutsamen Jahres kehrte der nun fast dreißigjährige Saint-Simon endgültig nach Frankreich zurück.

Zuvor jedoch hatte er sich noch in Holland und Spanien an verschiedenen Unternehmungen und Projekten versucht. So beschäftigte er sich beispielsweise mit einem neuerlichen Kanalprojekt — zuvor hatte er bereits den Vizekönig von Mexiko für den Bau eines Kanals zwischen Atlantik und Pazifik begeistern wollen —; diesmal wollte er die spanische Regierung beim Bau eines Verbindungskanals zwischen der spani-

Sturz eines Denkmals des englischen Königs Georg III. durch Anhänger der Unabhängigkeitsbewegung im Jahre 1776. Stich von John C. McRae nach einem Gemälde von Johannes A. Oertel

schen Hauptstadt Madrid und dem Atlantischen Ozean unterstützen. Weder das eine noch das andere Projekt kam zustande. Doch unser Graf aus der Picardie war noch jung und voller Unternehmungsgeist, der ihm auch während der Revolutionsjahre mit ihren wechselvollen Geschehnissen nicht verlorenging.

In seiner »Lebensgeschichte« (1808 verfaßt) allerdings hat Saint-Simon für diese ereignisreiche Zeit nur wenige Worte. »Ende 1789 nach Frankreich zurückgekehrt, gab ich mich mit Finanzspekulationen ab«, heißt es da lakonisch. (2, S. 47) Aus dieser knappen Feststellung hat bürgerliche Saint-Simon-Forschung ein ganzes Gebäude von Spekulationen über dessen Rolle in der Französischen Revolution errichtet, immer mit der bestimmten Absicht, ihn zum Ahnherr eigener egoistischer Interessen und Theorien zu machen. Die Behauptung etwa, er sei der größte Spekulant seiner Zeit gewesen, läßt ihn als einen Geschäftemacher par excellence erscheinen, und eine Verbindung zum Marxismus ist so kaum noch zu vermuten. Auch die These vom unpolitischen Saint-Simon, den Politik und Revolution nicht interessierten, läßt sich auf diese Weise begründen.

In Wirklichkeit ist die Tätigkeit Saint-Simons während der Revolution wesentlich differenzierter einzuschätzen.

Erinnern wir uns daran, daß er als Ergebnis seiner Erziehung formulierte, durch sie zum Revolutionär geworden zu sein, erinnern wir uns auch an seine aktive Beteiligung an der amerikanischen Revolution, so wäre es kaum verständlich, daß er sich von den revolutionären Veränderungen in seiner Heimat nicht angezogen gefühlt hätte. Allein die Tatsache, daß er zu einem Zeitpunkt aus Spanien nach Frankreich zurückkehrte, als viele französische Aristokraten bereits emigrierten, beweist wohl das Gegenteil. Zudem haben wir weitere eindeutige Fakten zu berücksichtigen, z. B. daß er auf Rang und Namen verzichtete, von den Bauern seiner Heimatgemeinde Falvy zum Präsidenten ihrer Wählerversammlung ernannt wurde und die Wahl mit den Worten annahm: »*Es gibt keine Grundherren mehr* . . . ; wir sind hier alle gleich, und um zu vermeiden, daß der Grafentitel Sie zu dem Urteil verleitet, anzunehmen, ich besäße größere Rechte als Sie, erkläre ich Ihnen, daß ich für immer auf diesen Titel verzichte, den ich für viel geringer als den eines *Bürgers* erachte . . .«

Die Führer der Großen Französischen Revolution Robespierre, Danton und Marat. Nach einem Gemälde von Alfred Loudet

François-Noël (Gracchus) Babeuf (1760 bis 1797). Stich von Bonneville. Französischer Revolutionär und utopischer Kommunist, führendes Mitglied der »Verschwörung der Gleichen« (1796). Bei ihm werden erstmals die eigenständigen »Forderungen des Proletariats« ausgesprochen.

(1, S. 16) Ähnliche Positionen formulierte er gleichfalls in einer Adresse an die Verfassunggebende Versammlung, die er im Mai 1790 im Auftrag der Wähler des Bezirkes Marchélepot redigierte. (Vgl. 1, S. 17)

Girondisten – Handelsbourgeoisie und industriell orientiertes Bürgertum repräsentierende Fraktion in der Französischen Revolution. Ihre Herrschaft währte vom 10. Aug. 1792 bis zum 2. Juni 1793. Die G. wandten sich gegen jegliche Einschränkung der ökonomischen Freiheit, verteidigten den Privatbesitz, den sie als Naturgesetz ansahen, und entwickelten sich nach ihrer Machtübernahme zunehmend zu einer konservativen Kraft.

Er begrüßte die Revolution, weil er — wie er gelegentlich selbst bekannte — davon überzeugt war, »daß das alte Regime nicht fortdauern konnte«. (2, S. 47)

Trotz seiner wiederholt erklärten Ablehnung von Gewalt übernahm er in der Stunde der konterrevolutionären Gefahr das Kommando der Nationalgarde in Cambrai. Das war im Sommer 1791. Als wenige Monate später alles auf den Krieg zutrieb, erklärte sich auch Saint-Simon für die Notwendigkeit der militärischen Verteidigung der Revolution und des Vaterlandes. Er hatte während der Revolution Verbindung zu den verschiedensten Fraktionen, zum theoretischen Kopf der Girondisten, dem Marquis de Condorcet, ebenso wie zu dem utopischen Kommunisten Gracchus Babeuf. Dennoch blieb in der Tat seine Hauptbeschäftigung in all diesen Jahren die Spekulation mit dem nationalisierten Kirchenbesitz, wodurch er ein Millionenvermögen erzielte. Anders jedoch als sein Kompagnon, der deutsche Graf Sigismund von Redern, den er bereits als Minister der sächsischen Regierung am spanischen Hof kennengelernt hatte, erstrebte Saint-Simon Vermögen nicht um des Reichtums willen, wie er glaubhaft in seinem Lebensbericht versichert.

Wissenschaftliche Studien

Staatsstreich vom 18. Brumaire – am 8. Nov. 1799 wurde in Frankreich durch einen Staatsstreich das Direktorium gestürzt und die Militärdiktatur Napoleon Bonapartes errichtet.

Sieyès, Emmanuel Joseph (1748–1836) – französischer Politiker; formulierte in »Was ist der Dritte Stand?« den Führungsanspruch der Bourgeoisie; unterstützte maßgeblich Napoleons Staatsstreich, wurde einer der drei Konsuln der »Exekutivkommission«, später dann wie Roger Ducos (1747–1816) von Napoleon politisch ausgeschaltet

Mit dem Jahrhundert ging in Frankreich auch die Revolution ihrem Ende entgegen. Nach dem gelungenen Staatsstreich vom 18. Brumaire (8./9. November 1799) und der Absetzung des Direktoriums verkündeten, noch bevor das neue Jahrhundert seinen Anfang nahm, die Konsuln Bonaparte, Ducos und Sieyès höchst amtlich das Ende der Revolution.

In der »Proklamation der Konsuln« vom 15. Dezember 1799 erklärten sie: »Franzosen, es wird euch eine Verfassung vorgelegt ... Die Verfassung gründet sich auf die wahren Prinzipien der parlamentarischen Regierung und auf die geheiligten Rechte des Eigentums, der Gleichheit und der Freiheit ... Bürger, die Revolution ist den Grundsätzen, von denen sie ihren Anfang nahm, fest verbunden; sie ist beendet.« (23, 2, S. 698 f.) Jene Grundsätze waren identisch mit den Interessen der Großbourgeoisie. Sie hatte die Revolution in Gang gesetzt, und sie hatte sich letztlich über alle anderen politischen und Klassenkräfte durchgesetzt. Die Bourgeoisie brauchte nach dem jahrelangen revolutionären Auf und Ab nun die Ruhe und staatliche Ordnung, um die Früchte ihrer neuen Macht zu genießen.

Ancien Regime – die vorrevolutionäre Gesellschaftsordnung in Frankreich; sie war charakterisiert durch das Feudaleigentum an Grund und Boden, durch absolutistische Herrschaft und Beherrschung des Staatsapparates durch Adel und Geistlichkeit.

Vorbei die Zeiten des Adels und des Royalismus, vorbei auch die Zeiten der wilden Spekulationen und des billigen, aber unproduktiven Gelderwerbs. Jetzt folgte die Zeit, wo das leicht verdiente Geld angelegt werden mußte, wo Investitionen den Grundstock für eine florierende kapitalistische Industrie und Wirtschaft legen sollten. Dazu bedurfte es vor allem der Sicherheit vor den Angriffen auf das bürgerlich-kapitalistische Eigentum, gleich, ob diese nun vom Ancien Regime oder von den sich immer stärker als eigenständige Kraft profilierenden Volkskräften ausgingen. Jakobiner, Babouvisten und andere Strömungen der unteren Volksschichten hatten während der Revolutionsjahre nur allzu deutlich Vorbehalte und Mißtrauen gegenüber den neuentstandenen Eigentumsverhältnissen geäußert. Sie hatten die revolutionäre Forderung nach Égalité immer weniger im Sinne bürgerlicher

Babouvisten – Anhänger der revolutionären utopisch-kommunistischen Lehre und Bewegung Babeufs

Gleichheit ausgelegt, sondern — wie im Falle Babeufs — durchaus schon kommunistisch interpretiert.

Solchen Tendenzen galt es vorzubeugen. Deshalb brauchte man einen starken Staat und einen »starken Mann«, der diesen Staat leiten und alle inneren und äußeren Angriffe auf die neue gesellschaftliche Ordnung abzuwehren in der Lage war. Dieser Mann fand sich in General Bonaparte, der am 18. Brumaire die gesetzgebende Körperschaft auflöste und die Volksversammlung auseinanderjagte.

François August Mignet, der bürgerlich-liberale Historiker der Französischen Revolution, beschrieb in seiner »Geschichte der Französischen Revolution« sehr treffend die damalige Situation: »Der 18. Brumaire fand ungeheuren Beifall beim Volk. Man erkannte in diesem Ereignis keineswegs die Erhebung eines Einzelnen über die Räte des Volkes, keineswegs das Ende der großen Bewegung vom 14. Juli, mit der das selbständige Leben des Volkes begonnen hatte. Der 18. Brumaire erschien nur unter dem Licht der Erwartungen und der Wiedergeburt ... Man verspürte das Bedürfnis, sich unter einer starken Hand zu erholen, und deshalb war Bonaparte als großer Staatsmann und siegreicher Feldherr willkommen.« (25, S. 470 f.)

Auch Saint-Simon hing anfänglich diesen Illusionen an. Er sprach von ihm ehrfurchtsvoll als von dem »großen Napo-

Schließung des Jakobinerklubs. Stich von Malapeau nach einer Zeichnung von Duplessi-Bertaux. Jakobiner heißen die Mitglieder und Anhänger des bedeutendsten politischen Klubs der Französischen Revolution. Führer: Robespierre, Marat, Danton, Saint-Just. Er wurde im November 1794 verboten.

Napoleon Bonaparte (1769–1821), erfolgreicher Militär in der Französischen Revolution errichtete mit dem Staatsstreich vom 18. Brumaire (8.–9. 11. 1799) eine Militärdiktatur in Frankreich; 1804 erklärte er sich zum Kaiser der Franzosen. In der Folge unterwarf er breite Teile Europas seiner Herrschaft. Nach dem Untergang der »Großen Armee« im Rußlandfeldzug und den Befreiungskriegen wurde er 1814 gestürzt und nach Elba verbannt, später wurde er bei Waterloo vernichtend geschlagen und endgültig nach St. Helena verbannt.

leon« und glaubte, unter seiner Herrschaft werde Frankreich »vielfältigen Ruhm erringen«. (2, S. 43) Später allerdings trat bei dessen Beurteilung ein radikaler Wandel ein, er nannte Bonaparte einen »Tyrannen«, warf ihm maßloses Streben nach Weltherrschaft vor und klagte ihn an, die Nation zu unterjochen und die Prinzipien der Revolution verraten zu haben. (Vgl. 2, S. 169, 171 und 335)

Die Wende in den politischen Verhältnissen Frankreichs um den Jahrhundertwechsel hatte ihre Wirkung auch auf die Lebensverhältnisse Saint-Simons. Seine geschäftlichen Verbindungen mit Redern waren auf dessen Betreiben Anfang 1798 aufgelöst worden, wobei er nur einen Bruchteil des Millionenvermögens erhielt. In seinen autobiographischen Erinnerungen spricht er voller Enttäuschung über Redern und die Hoffnungen, die er — nicht nur hinsichtlich der geschäftlichen Zusammenarbeit — in ihn gesetzt hatte. »Ich hatte mich in diesem Partner getäuscht«, konstatiert er verbittert, »ich glaubte, er habe die gleiche Laufbahn wie ich eingeschlagen,

Saint-Simon: Meine Lebensgeschichte: »Ich mußte damit beginnen, daß ich den Entwicklungsstand der menschlichen Erkenntnis feststellte und die Geschichte der Entdeckungen studierte.« (2, S. 49) »Ich hatte große Schwierigkeiten zu überwinden. Mein Gehirn hatte seine Anpassungsfähigkeit schon verloren; ich war nicht mehr jung, aber andererseits besaß ich einen großen Vorteil: lange Reisen, der Umgang mit einer großen Zahl fähiger Männer . . ., eine zunächst von d'Alembert angeleitete Ausbildung, die mir ein so engmaschig geflochtenes philosophisches Netz gab, daß keine wichtige Tatsache durchschlüpfen konnte, usw.« (2, S. 49/50)

doch die Wege, die wir gingen, waren sehr verschieden; denn er jagte dem Reichtum nach, während ich das steile Gebirge erklomm, das auf seinem Gipfel den Tempel des Ruhmes trägt.« (2, S. 46)

Das »steile Gebirge«, von dem er hier spricht, ist nichts anderes als die Wissenschaft, und Saint-Simon wußte sehr gut, wovon er sprach. Er sah, daß die Revolution nicht mehr in der Lage war, die großen Ideale der vorrevolutionären Aufklärungsphilosophie, -literatur und -politik zu erfüllen. Die vielbeschworene Vernunft und Moral waren in der Revolution unter die Räder gekommen, die Illusionen von Freiheit, Gleichheit und Brüderlichkeit in den blutigen Klassenschlachten und Revolutionskriegen untergegangen. Saint-Simon jedoch, im Geiste dieser aufklärerischen Ideen erzogen und mit positiven Erfahrungen aus der amerikanischen Revolution ausgestattet, war nicht bereit, auf halbem Wege stehenzubleiben. Er meinte, daß erst der Grundstein für die neue Gesellschaft gelegt sei, daß es nicht ausreiche, sich mit der Zerstörung des Alten zu begnügen, sondern man systematisch am Neuen, Besseren bauen müsse. Den Schlüssel dafür sah er in der Entwicklung der Wissenschaft. Es kann uns deshalb nicht verwundern, daß er nach seinem Bruch mit Redern den Plan verkündete, »unmittelbar auf die Moral der Menschheit einzuwirken, die Wissenschaft allgemein vorwärts zu bringen und der französischen Schule die Initiative wiederzugeben«.

Darstellung eines Ballonaufstiegs im Jahre 1802. Zeitgenössischer Stich

Abendgesellschaft im Salon der Madame Geoffrin. Kupferstich von Debucourt nach einem Gemälde von Lemonnier

(2, S. 48) Dazu war es — nach eigenem Eingeständnis — allerdings nötig, sich nochmals sehr intensiv in wissenschaftliche Studien zu stürzen.

Also nahm Saint-Simon Quartier gegenüber der erst vor wenigen Jahren neu eröffneten Technischen Hochschule und widmete sich zunächst dem Studium der physikalischen Wissenschaften. Nach drei Jahren wechselte er sowohl den Wohnsitz als auch die Fachrichtung; er beschäftigte sich nun mit Medizin und Physiologie und war zu diesem Zweck in die Nähe der Hochschule für Medizin gezogen. Inzwischen hatte er seinen vierzigsten Geburtstag gefeiert.

Saint-Simon an Boissy-D'Anglas, 2. Nov. 1807: »Ich verwandte mein Geld, mir die Wissenschaft anzueignen: Eine freigebige Tafel, guter Wein, viele Bemühungen um die Professoren, denen mein Portemonnaie offen stand, verschafften mir jeden nur wünschbaren Zugang.« (2, S. 49, Anm. 10)

Saint-Simon hatte in der Pariser Gesellschaft einen guten Namen und war häufig Gast in den Häusern angesehener Persönlichkeiten aus dem Pariser Wirtschafts-, Finanz- und Geistesleben. Doch er ging nicht nur zu anderen, er führte selbst ein gastfreundliches Haus, das zu den bedeutendsten intellektuellen Salons der französischen Metropole gehörte. Derartige Salons hatten bereits vor der Revolution eine große Bedeutung als Treffpunkt der geistigen Größen jener Zeit, und es gab kaum ein Gebiet, über das dabei nicht diskutiert wurde. Melchior Grimm, bestens bekannt mit den bedeutenden französischen Aufklärern und Materialisten und Stammgast in ihren Salons, gewährt uns in seiner »Literarischen Korrespondenz« einen kleinen Blick in dieses Milieu. In einer »Philosophischen Neujahrspredigt« vom 1.1.1770 läßt er

Cabanis, Pierre-Jean-Georges (1757–1808) – französischer Mediziner und materialistischer Philosoph; er bildet den Höhepunkt der sich im Anschluß an Descartes in Frankreich formierenden mechanisch materialistischen Schule. Hauptwerk: »Rapports du physique et du morale de l'homme« (Über die Verbindung des Physischen und Moralischem im Menschen)

Poisson, Siméon-Denis (1781–1840) – französischer Mathematiker und Physiker; er wurde durch seine Untersuchungen zur Wahrscheinlichkeitsrechnung und zur Potentialtheorie sowie damit verbundener Probleme der mathematischen Physik bekannt.

Monge, Gaspard (1746 bis 1818) – französischer Mathematiker; begründete systematisch die darstellende Geometrie und lieferte Beiträge zur Theorie der Differentialgleichungen

augenzwinkernd wissen: »Mutter Geoffrin teilt mit, . . . es sei nach wie vor bei ihr nicht gestattet, von inneren und äußeren Angelegenheiten zu sprechen, desgleichen nicht von Dingen, die sich am Hofe, in der Stadt . . . zutragen, und ebensowenig von solchen der Politik, der Finanzen, des Friedens, des Krieges, der Religion, Regierung, Theologie, Metaphysik, Grammatik, Musik, ja über gar kein Thema . . .« (26, S. 302)

Gewiß läßt sich der Saint-Simonsche Salon nicht mit dem der Madame Geoffrin oder anderen bedeutenden Salons der vorrevolutionären Jahre vergleichen, aber immerhin nahmen auch an seiner Tafel namhafte Gelehrte Platz, so der Arzt und Philosoph Cabanis, die Mathematiker Monge und Poisson sowie die Chemiker Berthollet und Clouet, um nur einige herausragende Persönlichkeiten zu nennen.

Als Claude-Henri de Saint-Simon 1801 Alexandrine-Sophie Gouvry de Champgrand heiratete, die eine sehr kunstinteressierte und kunstverständige Frau war, erweiterte sich die Tafel- und Gesprächsrunde der Saint-Simons. Sie konnten jetzt nicht mehr nur Wissenschaftler, Politiker und Geschäftsleute, sondern auch Künstler wie den Dramatiker Duval sowie den Dichter Léon Halévy und den Komponisten André Grétry begrüßen.

Die Ehe zwischen Henri und Sophie hielt allerdings nicht länger als ein Jahr, und Saint-Simon widmete sich wieder ganz der Wissenschaft. Er diskutierte mit Professoren und Studenten, er hörte Vorlesungen, studierte in den Bibliotheken und unternahm Reisen. Eine dieser Reisen führte ihn 1802 in die Schweiz, nachdem er bereits vorher England und Deutschland besucht hatte. In Genf schrieb er sein erstes Buch, dem er den Titel »Briefe eines Genfer Einwohners an seine Zeitgenossen« gab. Es wurde ein Jahr später anonym in Paris veröffentlicht.

Saint-Simons literarischer Erstling ist in vielfältiger Hinsicht interessant und bemerkenswert. In der Briefform geschrieben, was für das 18. und beginnende 19. Jahrhundert eine übliche Art der Darstellung war — denken wir nur an Rousseaus »Die neue Héloise« oder Goethes »Leiden des jungen Werther« —, entwickelte er hier das Grundkonzept seiner Theorie, Positionen, denen wir in seinen weiteren Arbeiten immer wieder begegnen werden. Seine Absicht war es, das Glück der Menschen befördern zu helfen, die Menschheit überhaupt auf eine höhere Stufe zu heben, sie »vor den

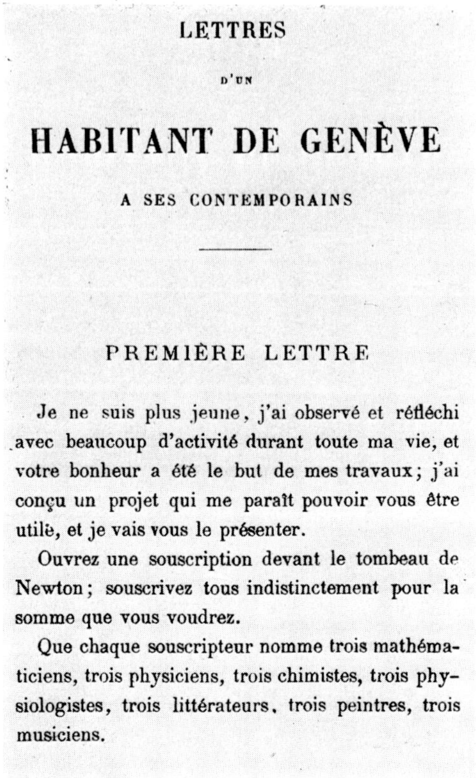
LETTRES

D'UN

HABITANT DE GENÈVE

A SES CONTEMPORAINS

PREMIÈRE LETTRE

Je ne suis plus jeune, j'ai observé et réfléchi avec beaucoup d'activité durant toute ma vie, et votre bonheur a été le but de mes travaux; j'ai conçu un projet qui me paraît pouvoir vous être utile, et je vais vous le présenter.

Ouvrez une souscription devant le tombeau de Newton; souscrivez tous indistinctement pour la somme que vous voudrez.

Que chaque souscripteur nomme trois mathématiciens, trois physiciens, trois chimistes, trois physiologistes, trois littérateurs, trois peintres, trois musiciens.

Faksimile der Titelseite von Saint-Simons »Briefe eines Genfer Einwohners an seine Zeitgenossen«

Übeln zu bewahren, unter denen wir gelitten und die wir noch zu ertragen haben«. (2, S. 13) Das wichtigste Mittel, um dieses Ziel zu erreichen, besteht seiner Auffassung nach darin, der Wissenschaft den höchsten Platz in der Gesellschaft einzuräumen und für einen ständigen Erkenntnisfortschritt Sorge zu tragen.

Um das zu erreichen, schlägt er vor, am Grabe Newtons eine Subskription zu eröffnen. Jedermann möge eine beliebige Summe zeichnen und dabei jeweils drei Mathematiker, Physiker, Chemiker, Physiologen, Literaten, Maler und Musiker benennen. Der gesamte Betrag soll dann jährlich denen zufließen, die in den einzelnen Zweigen die drei ersten Plätze belegt haben, um ihnen so eine von finanziellen Sorgen freie, von bestimmten Sonderinteressen unabhängige und im doppelten Sinne verdienstvolle und lohnenswerte Tätigkeit zu ermöglichen. Auf diese Weise würden der Erkenntnisfortschritt gefördert und diejenigen für ihre Mühen belohnt werden, die der Menschheit mit ihren wissenschaftlichen oder künstlerischen Leistungen den größten Nutzen gebracht haben. Die 21 derart gewählten Gelehrten und Künstler bilden den sog. »Newton-Rat«, der die geistige Macht auf der Erde ausübt. Interessant und zur damaligen Zeit durchaus nicht selbstverständlich ist, daß Saint-Simon den Frauen das Recht einräumt, an den Subskriptionen teilzunehmen und auch selbst gewählt zu werden. (Vgl. 2, S. 29)

Wissenschaft soll also der Gesellschaft, soll den Menschen dienen, sie soll den ständigen Fortschritt der Menschheit befördern helfen, sie soll — im großen wie im kleinen — Nutzen bringen. Mit anderen Worten, Saint-Simon verficht in seinen Auffassungen das Prinzip der Einheit von Theorie und Praxis, jenes Prinzip, das später von Marx und Engels — dialektisch-materialistisch interpretiert und aufgearbeitet — zu einem Grundbestandteil wissenschaftlicher Weltanschauung geworden ist. Es ist daher eines der großen Verdienste des Wissenschaftstheoretikers Saint-Simon, mit der Anerkennung und Hervorhebung des Prinzips der Einheit von Theorie und Praxis dem marxistischen Wissenschaftsverständnis, das die Praxis als Ausgangspunkt und Ziel wissenschaftlicher Erkenntnis betrachtet, in entscheidender Weise mit vorgearbeitet zu haben.

Isaac Newton (1643 bis 1727), bedeutender englischer Physiker, Mathematiker und Astronom. Schabblatt nach einem Gemälde von Jan van der Banck aus dem Jahre 1726. Er machte bahnbrechende Entdeckungen auf den Gebieten der Mechanik, Optik und Mathematik und gilt als Begründer der klassischen Theorie der Physik. Seit 1703 war er Präsident der Royal Society und nahm im geistigen Leben Englands eine führende Stellung ein.

K. Marx: Zur Kritik der Politischen Ökonomie. Vorwort: »Auf einer gewissen Stufe ihrer Entwicklung geraten die materiellen Produktivkräfte der Gesellschaft in Widerspruch mit den vorhandenen Produktionsverhältnissen oder, was nur ein juristischer Ausdruck dafür ist, mit den Eigentumsverhältnissen, innerhalb deren sie sich bisher bewegt hatten. Aus Entwicklungsformen der Produktivkräfte schlagen diese Verhältnisse in Fesseln derselben um. Es tritt dann eine Epoche sozialer Revolution ein.« (10, 13, S. 9)

Saint-Simon: Briefe eines Genfer Einwohners: »Vermittels der Vorhersage der Astronomen gelang es, die relative Lage der verschiedenen Punkte der Erde genau zu bestimmen; ihre Vorhersagen ermöglichen daher die Befahrung der weitesten Meere.« (2, S. 19)

Bemerkenswert in diesem Zusammenhang ist auch die Feststellung Saint-Simons im Vorwort zur »Einführung in die wissenschaftlichen Arbeiten des 19. Jahrhunderts«, daß »wissenschaftliche Revolutionen den politischen Revolutionen auf dem Fuße folgen«. (2, S. 40) Wir können aus heutiger Sicht einen solchen Satz durchaus als eine geniale Vorahnung der Wirkungen des Gesetzes von der Übereinstimmung des Entwicklungsstandes der Produktivkräfte mit dem Charakter der Produktionsverhältnisse werten. Karl Marx und Friedrich Engels haben bei der Ausarbeitung und Darstellung der materialistischen Geschichtsauffassung auf den gesetzmäßigen Zusammenhang der Entwicklung von Produktivkräften und Produktionsverhältnissen aufmerksam gemacht. Saint-Simon widmete seine Untersuchungen vorrangig der Frage, auf welche Weise die neuen Produktionsverhältnisse »Entwicklungsformen der Produktivkräfte« sein können. Das ist insofern verständlich, als ja die bürgerliche Revolution mit ihrer Umwälzung der Eigentumsverhältnisse zunächst einmal mannigfache Entwicklungsformen für die Produktivkräfte geschaffen hatte. Wie bereits angedeutet, räumte Saint-Simon dabei der Wissenschaft einen besonderen Platz ein. Sein diesbezügliches Konzept ist gleichermaßen einfach wie logisch, denn er ging von einer Doppelfunktion der Wissenschaft aus. Zum einen hat sie unmittelbar praktisch wirksam zu werden, zum anderen hat sie natürlich zugleich die Aufgabe, neue theoretische Erkenntnisse und Einsichten zu gewinnen. Als Beispiele für die erste Aufgabe nannte er die Erkenntnisse der Astronomie, der Chemie und der Physiologie.

Zugleich warnte er aber auch davor, die Erkenntnisse der Wissenschaft zu mißbrauchen. In seiner 1813 verfaßten »Abhandlung über die Wissenschaft vom Menschen« fand er äußerst scharfe Worte des Protestes gegen jene Wissenschaftler, die ihr Wissen und Können in den Dienst des Krieges und der Vernichtung stellen. Er forderte deshalb von den Wissenschaftlern, daß sie ihre exponierte Stellung in der Gesellschaft nutzen, um gegen Kriege und Krisen wirksam zu werden.

Bereits in den »Briefen eines Genfer Einwohners« hatte er die Erwartung geäußert, daß in der neuen Gesellschaft »die Geißel des Krieges für immer aus Europa verschwinden« wird, und die Frage der Erhaltung des Friedens wird auch in späteren Arbeiten wiederholt aufgeworfen.

Als zweite Aufgabe steht vor der Wissenschaft und den

»neue Enzyklopädie« – Saint-Simon ruft dazu auf, die alphabetisch angelegte »Enzyklopädie« von Diderot und d'Alembert durch eine den inneren Zusammenhang der mit den jeweiligen Begriffen bezeichneten Erscheinungen aufdekkende Enzyklopädie zu ersetzen.

Wissenschaftlern, tiefere Erkenntnisse aus Natur, Gesellschaft und dem menschlichen Denken zu gewinnen. Um dieses Ziel zu erreichen, ist es notwendig, die Entwicklung der Wissenschaften selbst zu kennen, also in die Geschichte der Wissenschaft einzudringen.

Sokrates (470–399 v. u. Z.), Platon (427 bis 347 v. u. Z.), Aristoteles (384–322 v. u. Z.) – griechische Philosophen, namhafteste Vertreter der antiken Philosophie

Saint-Simon selbst begibt sich in dieses schwierige Unterfangen mit einer ganzen Reihe von Arbeiten, von denen wir vor allem die »Einführung in die wissenschaftlichen Arbeiten des 19. Jahrhunderts« (1807/08) und die »Schriften über die Enzyklopädie«, den Versuch, eine »neue Enzyklopädie« zu schreiben, hier hervorheben wollen. Neben Einschätzungen und Würdigungen der Leistungen Newtons, Lockes, Descartes und Bacons, die in der erwähnten »Einführung in die wissenschaftlichen Arbeiten« erfolgten, ging er in seiner sechs Jahre später entstandenen »Abhandlung über die Wissenschaft vom Menschen« beim Verfolgen methodologischer Fragen der Wissenschaftsgeschichte und -theorie gar bis in die Antike zurück und analysierte gründlich die Lehren des Sokrates, Platon und Aristoteles. Auch sie wollte er als Kronzeugen für die Richtigkeit seiner Anschauungen aufrufen.

Historische Einsichten

Wir haben gesehen, daß Saint-Simon in all seinen Überlegungen und Ausführungen über die Wissenschaft den Menschen wie die menschliche Gesellschaft überhaupt nicht aus dem Auge verlor. Nicht nur, daß er immer wieder auf die praktische Seite der Wissenschaften eingegangen ist, auf den Dienst, den sie mit ihren Ergebnissen der Menschheit zu leisten haben, sondern auch, indem er den Menschen organisch in das Weltganze eingliederte. Bereits in seiner »Einführung in die wissenschaftlichen Arbeiten des 19. Jahrhunderts« hatte er den Menschen als ein kleines Universum bezeichnet, und in der »Abhandlung über die Wissenschaft vom Menschen« greift er diesen Vergleich erneut auf. In einer fiktiven Ansprache des Sokrates an seine Schüler läßt er den griechischen Philosophen erklären: »Das Weltall besteht für jeden von uns aus zwei Teilen: Der eine bildet das Ich eines jeden, der andere besteht aus dem, was außerhalb seiner ist. Ich werde den großen Teil die große Welt und den kleinen die kleine Welt nennen. Es besteht eine ständige Wirkung und Gegenwirkung der großen auf die kleine und der kleinen auf die

Porträt Saint-Simons. Stich nach einer zeitgenössischen Vorlage

große Welt. Die große und die kleine Welt bilden zwei absolut gleichartige Phänomene, sie unterscheiden sich nur durch Umfang und Dauer.« (2, S. 115) Wir spüren hier deutlich die Wirkungen, die die intensive Beschäftigung mit naturwissenschaftlichen Themen in Saint-Simons Denken hinterlassen hat. Der Mensch ist vollständig in das Naturgeschehen eingebunden, er ist den gleichen Gesetzen wie jede andere Naturerscheinung unterworfen.

Saint-Simon: Abhandlung über die Wissenschaft vom Menschen: »Alle Dinge, die sich ereignet haben, und alle, die sich ereignen

Unübersehbar ist das Bemühen, auch in der gesellschaftlichen Entwicklung einen gesetzmäßigen Prozeß zu sehen. Dazu bedient er sich des Begriffs der geschichtlichen »Reihe«. Saint-Simon glaubte, auf diese Weise aus der gut beobachteten Vergangenheit leicht die Zukunft herleiten zu können. Gerade eine solche Aussage macht besonders deutlich, wie sehr er — trotz mannigfacher und auch beachtenswerter materialisti-

werden, bilden ein und dieselbe Reihe, deren erste Glieder die Vergangenheit umfassen und deren letzte die Zukunft einschließen. Daher wird das Studium des bis heute vom menschlichen Geist zurückgelegten Entwicklungsganges uns die nutzbringenden Schritte enthüllen, die in der wissenschaftlichen Laufbahn und auf dem Wege des Glücks noch zurückzulegen sind.« (2, S. 101/102)

scher Ansätze — noch im idealistischen Denken befangen ist. Andererseits forderte er energisch, an die Untersuchung der menschlichen Gesellschaft mit der gleichen wissenschaftlichen Akribie heranzugehen, wie das die Naturwissenschaftler auf ihrem Gebiet tun. An der bisherigen Geschichtsbetrachtung kritisierte er, daß diese lediglich eine Sammlung von mehr oder weniger bewiesenen Fakten darstelle, die zudem durch keinerlei Theorie miteinander verbunden seien, deren willkürliche Aneinanderreihung deshalb auch kein Wegweiser für das Handeln der Menschen sein könne, weder für die Herrschenden noch für die Untertanen. Gleichzeitig bemängelte er, daß die Historiker bislang nur Nationalgeschichten verfaßt hätten, daß sich aber noch keiner von ihnen »auf einen allgemeingültigen Standpunkt gestellt« und eine »Geschichte der Gattung« geschrieben habe. (1, S. 116 f.)

Die Schlußfolgerungen, die Saint-Simon aus dieser Kritik bisheriger Geschichtsschreibung zog, waren einfach und logisch. Es muß eine Geschichtsphilosophie geschaffen werden, die auf exakten Beobachtungen der Fakten beruht und die, davon ausgehend, eine allgemeine Theorie der menschlichen Gesellschaft und ihrer Geschichte ableitet. Gegenwärtig liege die Geschichte, »vom wissenschaftlichen Standpunkt aus gesehen, in der Tat noch in den Windeln« (1, S. 116), deshalb sei es eine vorrangige Aufgabe, »die Entwicklung der menschlichen Gesellschaft zum Gegenstand einer noch zu schaffenden Wissenschaft zu machen«. (2, S. XLVII) Saint-Simon stellte sich dieser Aufgabe in erster Linie mit seiner »Abhandlung über die Wissenschaft vom Menschen«. In einer Notiz zu dieser Arbeit, die sich in seinem Nachlaß fand, bemerkte er dazu: »Meine Arbeit hat die Aufgabe, die politische Wissenschaft zu vervollkommnen; es schien mir möglich, diese Wissenschaft auf Beobachtungen zu gründen und sie folglich in den Rang der positiven Wissenschaften zu erheben, kurz gesagt habe ich es unternommen, die physico-politische Wissenschaft zu schaffen.« (2, S. XLVII) Die Bezeichnung »physico-politisch«, die Saint-Simon als Charakteristik für seine Wissenschaft vom Menschen wählte, verweist darauf, daß er gewillt war, die Geschichtsschreibung auf wissenschaftliche Grundlagen zu stellen und daß er zu diesem Zwecke beträchtliche Anleihen bei der Physiologie und der Psychologie aufnahm. Wichtig ist jedoch in diesem Zusammenhang die Feststellung, daß Saint-Simon den Menschen nicht bloß als ein biologisches, sondern

Julien Offray de La Mettrie (1709 bis 1751), Arzt und Philosoph; erster und einflußreicher Vertreter des französischen bürgerlichen mechanisch-metaphysischen Materialismus

René Descartes (1596 bis 1650), Begründer der neueren Philosophie, bedeutender Mathematiker und Physiker. Gemälde von Frans Hals, um 1649

F. Engels/K. Marx: Die heilige Familie: »Der mechanische französische Materialismus schloß sich der Physik des Descartes im Gegensatz zu seiner Metaphysik an. Mit dem Arzte Le Roy beginnt diese Schule,

ebenso als ein gesellschaftliches Wesen begriff. Immer wieder begegnen wir bei ihm dem Begriff der »menschlichen Gattung«. Und wenn er von der Geschichte der Zivilisation spricht, so versteht er darunter die Geschichte des Lebens der menschlichen Gattung. »Die Gesellschaft«, so schreibt er, »ist keine einfache Anhäufung von Lebewesen, deren von jedem Endziel unabhängiges Tun nur in der Willkür des individuellen Wollens wurzelt und die nur vergängliche oder bedeutungslose Zufälligkeiten zustande bringen; im Gegenteil, die Gesellschaft ist vor allem eine wirklich belebte Maschine (machine organisée), deren sämtliche Teile in verschiedener Weise zum Gang des Ganzen beitragen.« (16, S. 247)

Natürlich bemerken wir hier noch eine gehörige Portion Mechanizismus, was allerdings nicht sonderlich verwundern darf, wenn wir uns vor Augen halten, daß der mechanische Materialismus in Frankreich, wie Karl Marx gelegentlich feststellte (vgl. 10, 2, S. 133), zum Ausgang des Jahrhunderts mit dem Arzte Cabanis seinen Höhepunkt erreichte. Bereits zur Mitte des 18. Jh. hatte ein anderer französischer Arzt, nämlich Julien Offray de La Mettrie, mit dem Werk »Der Mensch — eine Maschine« für Aufsehen gesorgt. Dieser mechanisch-materialistischen Tradition, die sich im Anschluß an Descartes und unter dem nachhaltigen Einfluß Newtons in Frankreich herausgebildet hatte und nicht allein die Naturwissenschaften,

mit dem Arzte Cabanis erreicht sie ihren Höhepunkt, der Arzt La Mettrie ist ihr Zentrum.« (10, 2, S. 133)

sondern ebenso die Gesellschaftsauffassungen bis zur Jahrhundertwende maßgeblich bestimmte, mußte verständlicherweise auch ein Saint-Simon Tribut zollen. Wir können das nicht allein an seinen natur-, erkenntnis- und wissenschaftstheoretischen Positionen verfolgen, sondern konstatieren es gleichfalls in seinen gesellschafts- und geschichtstheoretischen Ausführungen.

Das alles darf uns jedoch nicht daran hindern, den enormen historischen Sinn, der dennoch in seinen Arbeiten steckt, zur Kenntnis zu nehmen und die beachtlichen Ergebnisse zu würdigen, zu denen er im Verlaufe seiner Studien gelangte.

Dazu gehört zweifelsohne neben dem bereits erwähnten Bemühen, die Gesetzmäßigkeiten des Geschichtsprozesses aufzudecken und den Menschen als biologisches *und* soziales Wesen zu begreifen — ein Programm übrigens, das später Marx und Engels aufgriffen —, die Präzisierung und Weiterentwicklung der Fortschrittsidee. Wie die Mehrheit der rationalistischen Aufklärer vor und neben ihm — es sei hier besonders auf den bürgerlich-liberalen Geschichtsphilosophen Jean-Antoine Condorcet verwiesen — vertritt auch Saint-Simon die Auffassung, daß sich die Entwicklung der Menschheit als Prozeß vom Niederen zum Höheren vollzieht. Den Motor dieser Höherentwicklung des menschlichen Geschlechts sieht er in Übereinstimmung mit dem aufklärerischen Denken vornehmlich im ständigen Fortschritt der Vernunft. Während sich die Menschen auf ihrer niedrigsten Stufe gegenüber den anderen Lebewesen nur durch die Überlegenheit des Geistes auszeichneten, hätten die ständig wachsenden Erkenntnisse nicht nur zur absoluten Überlegenheit beigetragen, sondern auch auf den gegenwärtig erreichten Stand der gesellschaftlichen Entwicklung geführt. Die Erfahrung der vergangenen Jahrhunderte beweise, daß das Menschengeschlecht ständig an der Verbesserung seines Loses und somit auch der Gesellschaftsorganisation gearbeitet habe. Dieser Prozeß sei im ganzen als eine aufsteigende Linie zu verfolgen.

Condorcet, Marie-Jean-Antoine de (1743 bis 1794) – französischer Politiker, Publizist, Geschichtsphilosoph und Mathematiker, Mitautor der »Enzyklopädie«. C. war Mitglied der Gesetzgebenden Versammlung sowie deren Sekretär und Präsident, wurde im Zusammenhang mit der Ausarbeitung der Verfassung von 1793 verhaftet und beging im Gefängnis Selbstmord. Hauptwerk: »Esquisse d'un tableau historique des progrès de l'esprit humain« (Entwurf einer historischen Darstellung der Fortschritte des menschlichen Geistes)

Dennoch unterscheidet sich Saint-Simons Fortschrittskonzeption deutlich von der der vorrevolutionären Aufklärer und den liberalen Fortschrittsoptimisten nach der Revolution. Verlauf und Ergebnisse der Großen Revolution von 1789 bis 1794 hatten mehr als deutlich offenbart, daß sich die meisten der vorrevolutionären Illusionen nicht erfüllten, daß vieles, was vor der Revolution von dieser erwartet und erhofft wurde,

»Die neue Französische Constitution«. Allegorische Darstellung in einem Stich von Daniel Chodowiecki aus dem Jahre 1791

im Endeffekt sich nicht oder anders vollzog, ja andere Resultate zeitigen mußte. Saint-Simon konnte diese Erfahrungen der Revolution in seinen Überlegungen berücksichtigen und sich kritisch damit auseinandersetzen. Er grenzte sich deshalb nicht allein deutlich von jenen Denkern ab, die die Bewegung in Natur, Gesellschaft und im Denken auf eine Art Kreislauf reduzieren wollten, sondern setzte sich auch kritisch mit den linearen Fortschrittskonzeptionen auseinander, die die Dialektik des historischen Prozesses verkannten. Nicht alles, was an Neuem dazugewonnen wird, muß notwendigerweise ein Besseres sein; auch werde der Fortschritt im Ganzen oft um den Preis erreicht, daß früher erzielte Leistungen preisgegeben werden müßten oder nicht wieder zu erreichen seien. Karl Marx ist später in seinem Werk »Grundrisse der Kritik der politischen Ökonomie« den Ursachen dafür nachgegangen und hat bezüglich der griechischen Kunst, die auch Saint-Simon als Beispiel für seine Behauptung anführt, festgestellt, daß sie deshalb einmalig bleiben müsse, weil »die unreifen gesellschaftlichen Bedingungen, unter denen sie entstand, und allein entstehen konnte, nie wiederkehren können«. (10, Gr. S. 31) Saint-Simon gelang es seinerzeit allerdings noch nicht, seine Gedanken bis zu dieser Konsequenz voranzutreiben.

Dennoch erkannte der picardische Graf bereits — und das ist zweifellos bereits ein großes Verdienst —, daß es sich beim Fortschritt nicht um einen steten, kontinuierlichen Prozeß handelt, daß er sich vielmehr im Wechsel von organischen und Krisenperioden, also als Einheit von Vor- und Aufwärtsbewegung, von zeitweiligem Stillstand oder gar partiellem Rückschritt, durchsetzt. Wohl schreitet die menschliche Gesellschaft unaufhaltsam voran, aber innerhalb dieses Gesamtprozesses gibt es verschiedene Epochen, die wechselweise Phasen des Aufstiegs und des Verfalls durchlaufen. Saint-Simon unterscheidet dabei in der bisherigen Entwicklung drei solcher Epochen:

1. das Altertum, das durch Sklaverei und Militärherrschaft gekennzeichnet ist und dem als ideologisches Prinzip der Polytheismus entspricht;
2. das Mittelalter, geprägt durch Leibeigenschaft und Monarchie mit dem Theismus als ideologisch-institutionellem Ausdruck und
3. schließlich die Neuzeit, in der die Industrie und freien Produzenten dominieren und die Wissenschaft das bestimmende Prinzip darstellt.

Die sich hier andeutenden Ansätze einer Basis-Überbau-Dialektik, wie sie dann — im Marxismus materialistisch fundiert — zu einem wichtigen Element marxistischer Gesellschafts- und Revolutionstheorie werden sollte, sind unübersehbar. Obwohl Saint-Simon, indem er die Entwicklung der Vernunft, also die Erkenntnisfortschritte, zum entscheidenden Maßstab nimmt, letztlich idealistisch an die Geschichte herangeht, gelingen ihm im einzelnen dennoch bemerkenswerte Einsichten. Dazu gehört zweifelsohne der Vergleich gesellschaftlicher Institutionen mit der Entwicklung der Individuen und die Schlußfolgerung, die er daraus ableitet. »Die Institutionen wie auch die Individuen haben ihre Jugend und ihr Greisenalter und, wie auch die Individuen, sind sie dazu bestimmt, sich zu vernichten und durch neue ersetzt zu werden, die unterdessen unter dem Schutz derer, die ihnen vorangegangen sind, entstanden sind und an Kraft gewonnen haben.« (16, S. 249)

Karikatur auf Napoleons Aufstieg und Sturz. Anonyme Radierung aus dem Jahre 1814

Waren also die gesellschaftlichen Institutionen, die Einrichtungen, anfänglich Entwicklungsformen, so überlebten sie sich mit der Zeit, gerieten zu einem Hemmnis der weiteren Entwicklung und müssen schließlich neuen, zeitgemäßen Formen weichen, die sich bereits in der alten Gesellschaft herausgebildet haben. Vergleichen wir diese bedeutsame Erkenntnis mit dem, was Karl Marx in seinem berühmten Vorwort der Schrift »Zur Kritik der politischen Ökonomie« formuliert hat, so werden wir feststellen, daß Saint-Simon mit seinen Voraussagen bis in die unmittelbare Nähe des historischen Materialismus, der dialektisch-materialistischen Geschichtsauffassung kam. Dies vor allem auch deshalb, weil er bemüht war, die materiellen Grundlagen des gesellschaftlichen Lebens nicht aus seinen Überlegungen auszuklammern. Bereits in seinem literarischen Erstling, den »Briefen eines Genfer Einwohners an seine Zeitgenossen«, hatte er darauf aufmerksam gemacht, daß die »ersten Bedürfnisse des Lebens« die dringendsten sind und daß die sog. »Nichteigentümer« sowohl unter feudalen als auch unter bürgerlich-kapitalistischen Verhältnissen diese ersten Bedürfnisse »nur unvollständig zu befriedigen« vermögen. (2, S. 26)

Marx und Engels sind bei der Grundlegung ihrer materialistischen Geschichtsauffassung in der »Deutschen Ideologie« von der gleichen Feststellung ausgegangen. Sie konnten reichlich 40 Jahre später das Grundgerüst des historischen Materialismus formulieren, indem sie von eben dieser elementaren Voraussetzung aller menschlichen Geschichte ausgingen und zu einer dialektisch-materialistischen Erklärung des Geschichtsprozesses vordrangen.

Karl Marx: Zur Kritik der Politischen Ökonomie. Vorwort: »Eine Gesellschaftsformation geht nie unter, bevor alle Produktivkräfte entwickelt sind, für die sie weit genug ist, und neue höhere Produktionsverhältnisse treten nie an die Stelle, bevor die materiellen Existenzbedingungen derselben im Schoß der alten Gesellschaft selbst ausgebrütet worden sind.« (10, 13, S. 9)

F. Engels/K. Marx: Die deutsche Ideologie: »Wir müssen … damit anfangen, daß wir die erste Voraussetzung aller menschlichen Existenz, also auch aller Geschichte konstatieren, nämlich die Voraussetzung, daß die Menschen imstande sein müssen zu leben, um ›Geschichte machen‹ zu können.« (10, 3, S. 28)

F. Engels/K. Marx: Die deutsche Ideologie: »Die erste geschichtliche Tat ist ... die Erzeugung der Mittel zur Befriedigung dieser Bedürfnisse, die Produktion des materiellen Lebens selbst, und zwar ist dies eine geschichtliche Tat, eine Grundbedingung aller Geschichte, die noch heute, wie vor Jahrtausenden, täglich und stündlich erfüllt werden muß, um die Menschen nur am Leben zu erhalten.« (10, 3, S. 28)

Saint-Simon war dazu noch nicht in der Lage, und er konnte es zum damaligen Zeitpunkt auch schwerlich sein. Er blieb dabei stehen, seinen materialistischen Ansatz »für richtig« zu halten. Die sich daraus ergebenden Schlußfolgerungen zu ziehen blieb Marx und Engels vorbehalten und war deren besonderes Verdienst, auch wenn Saint-Simon und andere mit ihren Erkenntnissen wichtige Voraussetzungen dafür schufen.

Bleiben wir jedoch noch einen Moment bei Saint-Simons »Briefen eines Genfer Einwohners«. Darin finden wir nämlich noch eine weitere bedeutende Entdeckung, die ebenfalls zu den Vorleistungen für den Marxismus gehört und die Friedrich Engels 75 Jahre später mit folgenden Worten bewertete: »Die französische Revolution ... als einen Klassenkampf, und zwar nicht bloß zwischen Adel und Bürgertum, sondern zwischen Adel, Bürgertum *und Besitzlosen* aufzufassen, war im Jahre 1802 eine höchst geniale Entdeckung.« (10, 19, S. 195)

In der Tat unterschied Saint-Simon drei soziale Gruppen, die er als Klassen bezeichnete, obwohl seine Vorstellungen von einer sozialen Klasse allerdings noch sehr verschwommen waren und er von Fall zu Fall sehr unterschiedliche Kriterien für die Klassenzugehörigkeit zugrunde legte. Sie

Zeitgenössische Darstellung von Vertretern der unteren Volksschichten. Radierungen von Duplessi-Bertaux 1814

reichten von der Stellung zum Eigentum über den Bildungsgrad bis hin zur politischen und moralischen Gesinnung. Häufig wurden diese Kriterien auch miteinander verbunden oder untereinander ausgetauscht, so daß sich letztlich keine klaren Zuordnungen ableiten lassen. Das hängt aber mit den in dieser Zeit sich sprunghaft entwickelnden und immer wieder wandelnden sozialen und politischen Strukturen der Gesellschaft zusammen.

In den »Briefen eines Genfer Einwohners« jedenfalls faßte er die Gelehrten, Künstler und alle liberal gesinnten Menschen zur ersten Klasse zusammen und hob an ihr hervor, daß sie sich unter der Flagge des Fortschritts des menschlichen Geistes bewegt; die zweite Klasse bilden die sog. »Eigentümer«, die für keinerlei Neuerung eintreten, vielmehr am Althergebrachten festhalten, also auch als Konservative zu kennzeichnen wären, wobei er allerdings die Einschränkung machte, daß die liberalen Eigentümer hier ausgeklammert sind; und schließlich die dritte Klasse, »die sich um das Wort Gleichheit schart« und den Rest der Menschheit einschließt. (2, S. 12) Das sind folglich jene, die Engels als die »Besitzlosen« charakterisiert. Es ist durchaus aufschlußreich, zu verfolgen, wie die Saint-Simonschen Positionen sich in dieser Frage entwickeln.

Kritische und gesellschaftstheoretische Positionen

Jene Jahre, in denen Saint-Simon seine wissenschaftstheoretischen Arbeiten verfaßte, waren für ihn äußerst bittere Jahre. Konnte er es sich zu Beginn des Jahrhunderts, vornehmlich im Jahr seiner Ehe mit Sophie, noch leisten, ein gastfreundliches Haus zu führen, so war spätestens im Jahr 1805 sein Vermögen verbraucht. Doch lassen wir ihn selbst über diese Zeit berichten: »Als meine Mittel erschöpft waren, habe ich um eine Stellung nachgesucht, ich wandte mich an den Grafen de Ségur. Er erhörte meine Bitte und teilte mir nach sechs Monaten mit, daß er eine Beschäftigung für mich im Pfandhaus gefunden habe. Es handelte sich um die Stellung eines Schreibers, die bei neun Stunden täglicher Arbeit jährlich tausend Franken einbrachte und die ich sechs Monate lang ausübte. Meine privaten Arbeiten fertigte ich nachts an. Ich spie Blut, meine Gesundheit war so schlecht wie nie zuvor, als ich durch Zufall dem einzigen Menschen

Darstellung des Einzugs der verbündeten Mächte in Paris 1814. Anonymer Kupferstich

begegnete, den ich meinen Freund nennen darf. Ich stieß auf Diard, der von 1790 bei mir (als Kammerdiener — D. E. F.) im Dienst gestanden hatte.« (2, S. 54)

Diard, bei dem Saint-Simon bis zu dessen Tode im Jahre 1810 insgesamt vier Jahre wohnte, gab seinem ehemaligen Herrn nicht nur Kost und Logis, er trug auch die »beträchtlichen Druckkosten« für die Arbeiten, die Saint-Simon in dieser Zeit veröffentlichte. Das waren vor allem die zweibändige »Einführung in die wissenschaftlichen Arbeiten des 19. Jahrhunderts« sowie eine Reihe von Briefen, in denen er die Prinzipien behandelte, die er bei der »Organisation des Wirtschaftssystems« anzuwenden gedachte. Seine Gedanken fanden jedoch nirgends ein offenes Ohr, und der Tod seines treuen Dieners stürzte ihn erneut ins Elend. Er hatte inzwischen die »Arbeit über die universelle Schwerkraft« verfaßt und an eine Reihe bedeutender Politiker und hervorragender Gelehrter gesandt, um deren Aufmerksamkeit für seine wissenschaftlichen Vorhaben zu erregen, aber auch, um von ihnen Hilfe in der Not zu erhalten. In den Begleitschreiben gesteht er mit einer Offenheit, die nur dem eigen ist, der tatsächlich am Ende aller seiner Möglichkeiten angekommen ist, daß er

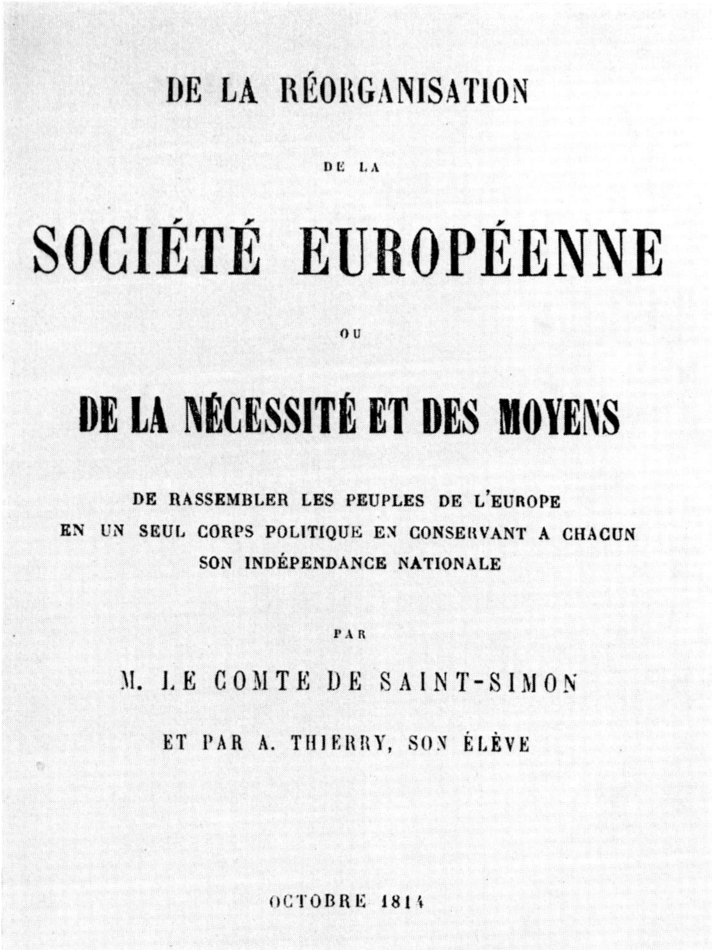
DE LA RÉORGANISATION

DE LA

SOCIÉTÉ EUROPÉENNE

OU

DE LA NÉCESSITÉ ET DES MOYENS

DE RASSEMBLER LES PEUPLES DE L'EUROPE
EN UN SEUL CORPS POLITIQUE EN CONSERVANT A CHACUN
SON INDÉPENDANCE NATIONALE

PAR

M. LE COMTE DE SAINT-SIMON

ET PAR A. THIERRY, SON ÉLÈVE

OCTOBRE 1814

Titelblatt der Saint-Simonschen Arbeit »Über die Reorganisation der europäischen Gesellschaft oder über die Notwendigkeit und die Mittel, die Völker Europas unter Wahrung ihrer nationalen Unabhängigkeit in einer einzigen Körperschaft zu vereinigen« (1814)

Wiener Kongreß – europäischer Staatenkongreß, der vom November 1814 bis Juni 1815 in Wien tagte und sich das Ziel stellte, die seit der Französischen Revolution und napoleonischen Herrschaft eingetretenen politischen und staatlichen Veränderungen rückgängig zu machen.

am Verhungern sei. »Seit mehr als drei Wochen esse ich trokkenes Brot und trinke Wasser; ich arbeite ohne Ofenfeuer« (der Brief trägt das Datum 8. Dezember 1813! – D. E. F.) »und habe alles bis aufs letzte Hemd verkauft, um die Kosten für die Druckexemplare, die zur Bekanntgabe meiner Arbeit nötig sind, aufzubringen.« (2, S. 92)

Hilfe kam zur rechten Zeit, sie kam allerdings nicht von jenen, an die er sich so hoffnungsvoll gewandt hatte, schon gar nicht vom Kaiser Napoleon, der nach dem Einmarsch der alliierten Armeen seine Gefangenschaft auf der Insel Elba antreten mußte. In Frankreich war der Kaiser gestürzt, und in Wien tagte der Kongreß, um die angeschlagenen Throne

Mit der angestrebten Neuordnung sollte den freiheitlichen Bestrebungen der Völker entgegengewirkt werden.

Restaurationszeit – vom Sturz Napoleons bis zur Pariser Julirevolution (1830) währende Periode, in der die reaktionären Regierungen Europas die politische Macht des Feudaladels zeitweilig stabilisierten

wieder auf feste Füße zu stellen. Die Zeit der Restauration war angebrochen, in Frankreich wie in Europa. In dieser tristen und verworrenen Zeit trat Saint-Simon erneut mit einem Projekt an die Öffentlichkeit, einer Arbeit, die er gemeinsam mit August Thierry, der ihm als Sekretär zur Seite stand und zu seinen ersten Schülern gehörte, verfaßt hatte. Die Arbeit mit dem voluminösen Titel »Über die Reorganisation der europäischen Gesellschaft oder über die Notwendigkeit und die Mittel, die Völker Europas unter Wahrung ihrer nationalen Unabhängigkeit in einer einzigen Körperschaft zu vereinigen« bot eine echte Alternative zu den restaurativen Ambitionen des Kongresses in Wien wie auch in Frankreich selbst. Obwohl die französische Regierung versuchte, die Verbreitung der Schrift zu verhindern und der junge Thierry sein Lehramt verlor, so war sie doch ein erster bedeutender Erfolg; sie stieß auf ein breites Interesse, das all seinen früheren Arbeiten versagt blieb, und machte die Autoren mit einem Schlage bekannt. Eine wesentliche Ursache dafür dürfte darin liegen, daß sich Saint-Simon hier erstmals unmittelbar aktuellen politischen Fragen stellte und seine bisherigen weitreichenden geschichts- und gesellschaftsphilosophischen Vorstellungen in diesen aktuellen politischen Kontext einordnete.

Vor dem Hintergrund der ständigen Kriege, die den europäischen Kontinent mit Regelmäßigkeit überzogen, namentlich den blutigen Schlachten, die Napoleons Eroberungsdrang

Zeitgenössische Karikatur auf die geplante Landung Napoleons in England

Saint-Pierre, Charles-Irenée (1658–1743) – hervorragender französischer Frühaufklärer; er wurde vor allem durch sein »Traktat vom ewigen Frieden« bekannt, dessen Grundidee darin bestand, eine Föderation aller europäischen Staaten zu gründen und alle internationalen Streitigkeiten ausschließlich auf dem Verhandlungswege zu lösen.

den europäischen Völkern aufgezwungen hatte, suchte er die Grundlagen einer europäischen Friedensordnung darzustellen.

Bereits 100 Jahre zuvor hatte der aufklärerische Abbé de Saint-Pierre mit seinem »Traktat vom ewigen Frieden« einen ähnlichen Versuch unternommen, und seitdem ist dieses Projekt nie völlig aus der Diskussion verschwunden. Wohl alle namhaften französischen Aufklärer haben sich, ebenso wie ihre Gegner, dazu geäußert und Möglichkeit oder Unmöglichkeit eines solchen Ziels erwogen. Einen neuerlichen Höhepunkt erlebten diese Diskussionen unmittelbar nach der Revolution, als sich Immanuel Kant mit der Schrift »Zum ewigen Frieden« zu Wort meldete und nach ihm auch Fichte, Herder, F. Schlegel und andere ihre Gedanken darlegten. Intervention und napoleonische Feldzüge hatten das Thema dann für eine geraume Zeit von der Bildfläche verschwinden lassen; nun, nach Waterloo, griff Saint-Simon es wieder auf. Er beschäftigte sich intensiv mit den Saint-Pierreschen Vorstellungen, vor allem mit dessen Idee, »alle europäischen Völker durch eine politische Institution miteinander zu verbinden«. (2, S. 146) Sehr nachdrücklich widersprach er all jenen, die Saint-Pierre wegen dessen Projekt eines europäischen Völkerbundes und dem damit erwarteten ewigen Frieden verspotteten und ihn als Träumer diffamierten. Diese Idee, so wandte Saint-Simon ein, sei durchaus keine Träumerei. Zwar müsse man anders an die Lösung des Problems herangehen, als der Abbé das seinerzeit vorgeschlagen habe, aber die Zielstellung sei durchaus real. Und er begründete dann sehr detailliert, weshalb »allein die Begründung eines politischen Systems, das dem Stand der Erkenntnis entspricht, und die Errichtung einer allgemeinen Gewalt, die stark genug wäre, den Ehrgeiz der Völker und Könige zu zügeln, ... in Europa eine friedliche und dauerhafte Ordnung schaffen« könnten. (2, S. 191) Für ihn stand außer Zweifel, daß das politische System seiner Zeit überlebt und in seinen Grundfesten erschüttert ist und daß es deshalb darauf ankomme, ein neues zu schaffen, ein System, das Frieden und Wohlstand für alle garantiert. Die Zeit wird kommen, »in der alle Völker Europas erkennen werden, daß sie Fragen von allgemeinem Interesse gemeinsam regeln müssen, bevor sie sich den nationalen Interessen zuwenden. Dann wird das Unheil allmählich nachlassen, die Zwietracht wird weichen, und die Kriege werden aufhören«. (2, S. 193)

Auguste Comte (1798 bis 1857), Philosoph, Soziologe und Mathematiker, war von 1817 bis 1824 Saint-Simons Privatsekretär. »C. führte das Wort ›Soziologie‹ im Jahre 1839 erstmalig an Stelle von ›soziale Physik‹ ein und entwarf ein System der ›positiven Philosophie‹.« (28, S. 151)

Wieviel Weitsicht liegt in solchen Sätzen, wieviel Vertrauen in die Vernunft und die Tatkraft der Menschen. »Das goldene Zeitalter des Menschengeschlechts liegt nicht hinter uns, es liegt vor uns: Es liegt in der Vervollkommnung der gesellschaftlichen Ordnung.« (2, S. 194) Mit diesem optimistischen Satz beschloß er sein Werk.

Es war ein langer und qualvoller Weg, der ihn durch Abenteuer und Reichtum, durch Armut und Spott bis zu diesem Punkt der allgemeinen Aufmerksamkeit und Anerkennung geführt hatte. Nun aber meinte er, auf dem richtigen Weg angekommen zu sein. Voller Enthusiasmus und Unternehmungsgeist stürzte er sich in die Aufgaben, die er vor sich sah. Er hat eine Reihe finanzkräftiger Förderer gefunden, unter ihnen den Fabrikanten Ternaux und den Bankier Lafitte, der im Jahre 1830 unter dem Bürgerkönig Louis-Philippe französischer Ministerpräsident wurde. Zudem wußte er fähige Köpfe neben sich; den bereits erwähnten Thierry, aber auch den Juristen und Wirtschafter Saint-Aubin und August Comte. Gemeinsam mit ihnen ging er daran, zunächst »L'Industrie« herauszugeben, eine zwischen Mai 1817 und

Louis Antoine de Saint-Just (1767–1794). Nach einem Gemälde von J. L. David. Der französische Revolutionär und engste Vertraute Robespierres forderte nach seiner Wahl in den Konvent die Hinrichtung des Königs; gilt als theoretischer Kopf der Revolutionsregierung

Maximilien-Marie-Isidore Robespierre (1758–1794). Nach einem Gemälde von A. L. Guiard. Hervorragende Gestalt der Französischen Revolution und bedeutender Führer des Jakobinerklubs

Juni 1818 in unregelmäßigen Abständen erscheinende Zeitschrift, die »politische, moralische und philosophische Erörterungen« anstellte und deren Motto lautete: »Alles für die Industrie, alles durch die Industrie«. Saint-Simon ist bemüht, die Industrie als die Basis und den entscheidenden Faktor aller gesellschaftlichen Entwicklung nachzuweisen. Für ihn ist Tatsache und Aufgabe zugleich, was er in der Vorankündigung über die Industrie formuliert: »Die ganze Gesellschaft beruht auf der Industrie. Die Industrie ist die einzige Gewähr ihrer Existenz, die einzige Quelle allen Reichtums und Wohlstands. Allein deshalb ist der für die Industrie günstigste Stand der Dinge auch für die Gesellschaft am günstigsten.« (2, S. LXVII)

Sein Interesse an der Industrie, in deren Entwicklung und Förderung er die Zukunft der Gesellschaft sah, schien nicht zu erlahmen. Auch die von ihm herausgegebenen und mit wichtigen inhaltlichen Beiträgen versehenen Zeitschriften »Le Politique« und »L'Organisateur« widmeten sich diesem Thema, ebenso die Folge von Abhandlungen »Du Systéme industriel« (1820—1822) und die Darlegungen im »Katechismus

Thermidorianische Wende – mit dem Sturz Robespierres und seiner Anhänger (9. Thermidor/27. Juli 1794) eingeleitete Wende in der Französischen Revolution, die zum Erstarken und letztlich zum Sieg der großbürgerlichen Interessen führte

Sansculotterie – Bezeichnung für die kleinbürgerlichen und vorproletarischen Schichten in der Französischen Revolution, die die soziale Basis der Jakobinerdiktatur bildeten

der Industriellen« (1823/24). Der Grund dafür ist leicht einzusehen. Claude-Henri de Saint-Simon war ein Sohn der Aufklärung, und er war deshalb Parteigänger der Revolution, von der er — wie viele andere auch — die Verwirklichung der aufklärerischen Ideale erwartete. Nun war diese mit der Errichtung der Jakobinerdiktatur durch Robespierre und Saint-Just zwar weit vorangetrieben worden, und das »einfache Volk« hatte daran großen Anteil. Die thermidorianische Wende jedoch bedeutete nicht einfach ein bloßes Zurückschrauben der Revolution auf das »normale« Maß, denn »auch nach Ausschaltung der Sansculotterie verfolgte das Besitzbürgertum die schreckhafte Erinnerung an den jakobinischen Versuch einer von den Volksmassen mitgetragenen Demokratie«. (24, S. 399) Deshalb war ein Bündnis der neuen Bourgeoisie, vor allem des Besitzbürgertums und der Finanzaristokratie, mit dem verbürgerlichten Adel absehbar. Es fand seinen beredten Ausdruck in der »Direktorialverfassung«, die am 23.9.1795 verkündet wurde und einen Kompromiß zwischen einer Mehrheit konservativer Republikaner und einer Minderheit konstitutioneller Monarchisten darstellte. Vor allem aber kamen in dieser Verfassung die eigentlichen Klasseninteressen des wohlhabenden Bürgertums deutlich zum Ausdruck. In ihr wurde die Heiligkeit des Eigentums und die uneingeschränkte Verfügung der Eigentümer darüber ausdrücklich betont. Die Feststellung hingegen, daß die Menschen von ihrer Geburt an frei und gleich sind und es bleiben, wurde aus den Menschen- und Bürgerrechten gestrichen, Gleichheit vielmehr einzig als Gleichheit vor dem Gesetz definiert. Auch von sozialen Rechten war nicht mehr die Rede. Damit hatten sich folglich jene durchgesetzt, die Saint-Simon bereits früher verächtlich als »Müßiggänger« charakterisiert hatte. Die alten und die neuen »Müßiggänger«, das waren für ihn entscheidende Hindernisse auf dem weiteren Weg des gesellschaftlichen Fortschritts. In der 1822 publizierten Schrift »Über die Bourbonen und die Stuarts« beklagt er: »Wir haben uns in unserer Revolution das Ziel gesetzt, ein neues System gesellschaftlicher Organisation zu schaffen, und entgegen unseren ganzen Bemühungen ist es uns weder in praktischer Hinsicht noch in bezug auf die Theorie gelungen, aus dem alten System auszubrechen.« (2, S. 339)

Er sieht sich folglich vor eine doppelte Aufgabe gestellt: Zum einen muß er die restaurativen gesellschaftlichen Kräfte

Porträt Saint-Simons

und die Folgen, die sich aus deren Spitzenstellung in Staat und Wirtschaft ergeben, entlarven und zum anderen die Grundlagen einer neuen politischen Ordnung des Gesellschaftsaufbaus entwerfen. Ersteres unternahm er vor allem in seiner berühmten »Parabel«, die erstmals Ende 1819 als Einleitung zum »Organisator« erschien. Bereits in früheren Beiträgen war er von der Spaltung der Gesellschaft in zwei Lager ausgegangen und hatte die »industrielle Klasse« den »Müßiggängern« gegenübergestellt. Damit wollte er das Selbstbewußtsein der »industriellen Klasse«, worunter er die große Masse der Bevölkerung — angefangen von den Industriellen und Bankiers über die Wissenschaftler und Künstler bis hin zu den Arbeitern, Handwerkern und Bauern — zählte, wecken und stärken. Seine Polemik gegen die unproduktiven Kräfte wird mit der Veröffentlichung der »Parabel« auf die Spitze getrieben. Hier stellte er die Frage, wer denn die wirk-

Saint-Simon: Der Organisator – Parabel: »Da es bei diesen Leuten um jene Franzosen geht, die die hauptsächlichsten Produzenten sind und die wichtigsten Produkte erzeugen, die Arbeiten von größtem Nutzen für die Nation leisten und ihr in den Wissenschaften, Schönen Künsten und Gewerben Schöpferkraft verleihen, bilden sie die Blüte der französischen Gesellschaft, sind sie für ihr Land die nützlichsten Franzosen, erschaffen sie ihm den größten Ruhm, treiben sie seine Zivilisierung und sein Wohlergehen am stärksten voran.« (2, S. 269)

lich produktiven Kräfte der Nation seien und wen die Nation ohne weiteres entbehren kann. Die Antwort, die Saint-Simon selbst formulierte, läßt an Deutlichkeit nichts zu wünschen übrig. Frankreich könne, ohne größeren Schaden zu nehmen, wohl »den Verlust von dreißigtausend Personen, die für die wichtigsten Personen des Staates gehalten werden«, entbehren, angefangen mit dem Bruder des Königs über den Hofstaat, die Minister, Offiziere, Beamten und geistlichen Würdenträger bis hin zu den reichen Eigentümern, die auf Kosten der Gesellschaft leben. Ihr Verlust würde für das Volk in keiner Weise ein Unglück bedeuten, im Gegenteil. »Weit entfernt, zum Wohlstand beizutragen, können sie ihm nur zum Schaden gereichen.« (2, S. 270/271) Hingegen würde ein plötzlicher Verlust der besten Wissenschaftler, Künstler und in Industrie, Landwirtschaft oder Handwerk Tätigen für Frankreich ein wirkliches Unglück bedeuten, denn sie bilden die »Blüte der französischen Gesellschaft«. Sie sind diejenigen, die Ruhm, Zivilisation und Wohlstand am stärksten fördern. Ohne sie würde die Nation zu »einem Körper ohne Seele«. Das waren in der Tat sehr offene und klare Worte, und ein gegen ihn angestrengtes Gerichtsverfahren zeigte, daß er genau den richtigen Punkt getroffen hatte. Zwar endete das Berufungsverfahren mit einem Sieg Saint-Simons und seinem Freispruch, doch dieses Ergebnis sollte sich bald als Pyrrhussieg erweisen. Seine liberalen Gesinnungsgenossen und Geld-

»Der gesetzgebende Bauch« – Karikatur von Honoré Daumier auf das bürgerliche Parlament

geber zeigten sich durch den Prozeß verschreckt, sie entzogen ihm ihre Unterstützung. Saint-Simon mußte zunehmend die Erfahrung machen, daß die von ihm umworbenen »Industriechefs« ihren eigenen Interessen folgten. Bis er daraus allerdings Konsequenzen zog, war es noch weit, »denn erst in seiner letzten Schrift, dem ›Nouveau Christianisme‹, (tritt) St. Simon direkt als Wortführer der arbeitenden Klasse (auf) und (erklärt) ihre Emanzipation als Endzweck seines Strebens«, wie Karl Marx im »Kapital« gelegentlich feststellt. (10, 25, S. 618)

Doch der Weg dorthin ist klar vorgezeichnet. 1821 verfaßte er einen Brief »An die Herren Arbeiter«, mit dem er das Ziel verfolgte, deren »Lage möglichst verbessern zu helfen«. (2, S. 320) Er forderte die Arbeiter auf, sich für die Urbarmachung brachliegender Flächen einzusetzen, für die Trockenlegung von Sümpfen, für die Anlage neuer und die Verbesserung alter Straßen, für den Bau von Brücken und Kanälen, kurzum für eine ganze Reihe von Maßnahmen, die auf die Schaffung von Arbeitsplätzen für das Millionenheer von Arbeitslosen gerichtet waren. Er kritisierte die seinerzeitige Verwaltung der öffentlichen Angelegenheiten und forderte sowohl eine drastische Verringerung des damit befaßten Apparates wie gleichzeitig dessen qualitative Verbesserung. All diese Vorschläge korrespondierten aufs engste mit der Forderung, Regierung nicht als Herrschaft über Menschen zu verstehen, sondern sie als Verwaltung von Sachen, als Leitung der Produktionsprozesse und Bildung der Menschen zu praktizieren. Welche konkreten Konsequenzen er damit verband, wird deutlich, wenn man sich eine »Notiz« Saint-Simons ansieht, die sich gleichfalls mit der Situation der »Klasse der Proletarier« beschäftigt. (Vgl. 2, S. 327 ff.) Darin schlug er vor, die Ausgaben für den Unterhalt der Armee zur Schaffung von Arbeitsplätzen und damit zur Verbesserung des Loses der Ärmsten zu verwenden. »Die Verabschiedung der Armee ist also als erste Maßnahme zu treffen, um das Volk zu befriedigen, es glücklicher zu machen und sich nicht den Folgen seiner Unzufriedenheit ausgesetzt zu sehen«, schrieb er. Zu Beginn der 20er Jahre war Saint-Simon davon überzeugt, daß das Proletariat die einzige Gesellschaftsklasse ist, »deren Arbeit sich unmittelbar auf das Wachstum der Macht, des Wohlstandes und des wirklichen (positiven) Glücks der Nation richtet«. (2, S. 323) Bis dahin hatte er viele Jahre hindurch

»Die Freiheit wird um die Welt gehen«. Lithographie aus dem Jahre 1830

dieses Verdienst undifferenziert insgesamt der »industriellen Klasse«, also gleichermaßen Unternehmern wie Arbeitern, zugesprochen. Nun gestand er auch den französischen Proletariern zu, durchaus zu guter Eigentumsverwaltung fähig zu sein (vgl. 2, S. 383), und konstatierte an anderer Stelle, daß man die Proletarier bis in die Gegenwart hinein nur durch Gewalt beherrscht habe. (2, S. 329)

Insofern kann es nicht verwundern, wenn er daraus den Schluß zog, »daß in der Gesellschaftsorganisation große Veränderungen unumgänglich geworden sind«. (2, S. 389) In welche Richtung diese Veränderungen zielen müssen, hat er dann in seiner letzten Arbeit, dem »Neuen Christentum«, angegeben. »Die ganze Gesellschaft«, heißt es dort, »soll auf die Verbesserung des moralischen und materiellen Daseins der ärmsten Klasse hinarbeiten; die Gesellschaft soll sich in der für die Erreichung dieses Zieles angemessenen Weise organisieren.« (2, S. 443) Im September 1815 war in Paris zwischen den Herrschern Rußlands, Preußens und Österreichs ein Vertrag, die »Heilige Allianz«, abgeschlossen worden, der darauf abzielte, die vom Wiener Kongreß vereinbarte »Neuordnung« Europas aufrechtzuerhalten. Die in diesem Vertrag zusammengeschlossenen europäischen Herrscher forderte er eindringlich auf, »ihre ganze Kraft für die möglichst rasche Mehrung des gesellschaftlichen Glücks der Armen aufzuwenden«. (2, S. 445) Es ist dies gewissermaßen sein philosophisches und politisches Testament, denn wenig später, am 19. Mai 1825, starb Claude-Henri de Saint-Simon in Paris.

Er hat die ersten selbständigen politischen Erhebungen der Arbeiterklasse gegen die Bourgeoisie, die Lyoner Weberaufstände der Jahre 1831 und 1834, nicht mehr erlebt, aber er trug mit seinen Schriften einen nicht geringen Teil dazu bei, daß das Selbstbewußtsein des Proletariats geweckt wurde.

Charles Fourier

DER nächste bedeutende Vertreter des kritisch-utopistischen Sozialismus, den wir vorstellen wollen, ist ebenfalls — wie Saint-Simon — Franzose. Obwohl ein reichliches Jahrzehnt jünger als der picardische Graf und anderer, nämlich bürgerlicher, Herkunft, wurde auch sein Leben und Schaffen maßgeblich von den Ereignissen und Ergebnissen der Französischen Revolution geprägt.

Es ist François-Marie-Charles Fourier. Er wurde am 7. April 1772 als viertes Kind einer gleichermaßen wohlhabenden wie angesehenen Kaufmannsfamilie in Besançon geboren. Charles war der einzige Sohn, seine drei älteren Geschwister waren Mädchen, und er erhielt seine Ausbildung in den ehrwürdigen Mauern des Collège de Besançon, wo es selbstverständlich war, die Gymnasiasten im traditionellen Geiste zu erziehen und sie von den revolutionären Ideen, die bereits überall gärten, fernzuhalten. Der Kaufmannssohn war ein begabter, fleißiger und vielseitig interessierter Schüler, mehrfach wurde er für gute schulische Leistungen ausgezeichnet. Ein besonderes Faible entwickelte er für Geographie, aber auch Musik und Blumen bereiteten dem Jungen viel Freude. Gerade über die Kinder- und Jugendjahre Fouriers existieren eine ganze Reihe von Anekdoten, von denen wir eine hier berichten wollen, weil sie ein sehr bezeichnendes Bild vom rechtschaffenen und hilfsbereiten Charakter des Knaben liefert. »Ein hübscher Zug«, so berichtet August Bebel, »ist aus seinen Schuljahren bekannt geworden. Obwohl er kein starker Esser war, nahm er täglich ein tüchtiges Stück Brot mit kaltem Fleisch belegt zur Schule mit. Als er sich eines Tages auf einer kleinen Reise befand, stellte sich ein armer Knabe im Laden ein und frug, ob der kleine Herr krank sei. Als man dies verneinte und ihm mitteilte, er sei verreist, brach der Kleine in Weinen aus. Nach der Ursache befragt, antwortete er: daß er nunmehr sein Frühstück verloren habe, das ihm der junge Herr täglich gebracht habe.

Charles Fourier. Steindruck von A. Kneisel

Er wurde getröstet und wurde ihm für Ersatz gesorgt.« (17, S. 19)

Dieses kameradschaftliche Verhalten, seine Aufrichtigkeit und Ehrlichkeit, sein erbitterter Haß gegen alles Ungerechte, gegen Heuchelei und Falschheit sind für ihn von Jugend an typisch und sollten es bis an sein Lebensende bleiben.

Für seine Eltern bestand nie ein Zweifel daran, daß Charles dereinst das väterliche Geschäft übernehmen sollte und dementsprechend den Kaufmannsberuf erlernen müßte. Schon als Schulbub nahm ihn der Vater mit in den Laden, um ihn von Kindesbeinen an in die Geheimnisse und die Kunst des Handels einzuweihen. Gerade aber das, was er in dieser Zeit sah und erlebte, ließ in ihm eine unüberwindliche Abscheu, ja einen tiefen Haß gegen den Handel und seine Praktiken wachsen. Er habe, so berichtete er später einmal selbst, bereits im Alter von sechs Jahren »den Unterschied zwischen dem Handel und der Wahrheit kennengelernt. Im Katechismus und in der Schule habe man ihn gelehrt, nie zu lügen, dann führte man ihn in den Laden, um ihn frühzeitig in dem edlen Handwerk der Lüge oder der Kunst, wie man verkauft, zu üben«. (17, S. 18)

Ein erfolgreicher Händler ist Charles Fourier nie geworden. Dennoch mußte er sich dem Willen des Elternhauses fügen und den Kaufmannsberuf erlernen, obwohl er viel lieber nach Paris gegangen wäre, um dort Logik und Physik zu studieren. Ebenso scheiterte sein Bemühen, in die Militär-Ingenieurschule in Mézières aufgenommen zu werden. Seiner bürgerlichen Herkunft wegen wurde er zurückgewiesen, und er mußte schließlich seine Lehre in Lyon antreten.

Die Stadt Lyon, nach Paris die bedeutendste Industrie- und Handelsstadt Frankreichs, sollte in der Folge das Leben und Wirken Charles Fouriers ganz maßgeblich beeinflussen und prägen. Nachdem er aus dem Erbe seines Vaters, der bereits 1781 verstarb und die stattliche Summe von 200 000 Livres hinterließ, seinen Anteil von zwei Fünfteln erhielt, konnte er hier 1792 ein eigenes Handelsbüro errichten.

Doch das Glück war ihm nicht lange hold. »In Lyon verliert der Einundzwanzigjährige, den schon 1791/92 ausgedehnte Reisen als Handelsvertreter durch Frankreich, Deutschland, Belgien und Holland führen, einen großen Teil

Belagerung Lyons. Stich nach einer zeitgenössischen Zeichnung von Duplessi-Bertaux

des nunmehr ererbten Vermögens und beinahe das Leben, als 1793 die aufständischen Konterrevolutionäre seine von Marseille dorthin gesandten Waren beschlagnahmen und ihn selbst rekrutieren, die Jakobiner wiederum ihn nach der Einnahme der Stadt verhaften. In Lyon verbringt der schließlich Mittellose, auch von seinem Onkel, der ihm entwertete Assignaten auszahlte, betrogen und durch den Schiffbruch eines livornischen Schiffes ruiniert, nach anderthalbjähriger Dienstzeit in der Armee die meisten Jahre zwischen 1795 und 1825 als Handlungsgehilfe, Makler, Gütekontrolleur für Heereslieferungen, städtischer Statistiker (zur Zeit der Hundert Tage) und Kassierer ...« (15, S. 109)

Hundert Tage — Bezeichnung für die kurze Regierungszeit Napoleons nach seiner Rückkehr von Elba (20. 3. 1815); sie endete mit seiner Niederlage bei Waterloo, der sich die erneute Verbannung anschloß

In Lyon schließlich, um dies noch zu erwähnen, veröffentlichte Fourier auch seine ersten Schriften. Zunächst erschien Ende des Jahres 1803 ein aufschlußreicher Artikel aus seiner Feder, nämlich »Triumvirat continental et paix perpétuel sous trente ans«, in dem er sich mit der Frage beschäftigte, wie ein dauerhafter Friede zu erreichen sei. Er sah die Lösung dafür, ganz ähnlich wie Saint-Simon, in der herzustellenden Einheit der Welt. Anders aber als jener, der vorrangig einen Interessenausgleich zwischen Frankreich und Eng-

Erstürmung des Rathauses von Lyon am 29. Mai 1793. Zeitgenössischer Stich

Faksimile einer Assignate aus dem Jahr 1792. Der Begriff Assignate bezeichnet das von der ersten französischen Republik ausgegebene Papiergeld.

land anstrebte, meinte Fourier, daß sich letztlich auf dem europäisch-asiatischen Kontinent Frankreich und Rußland durchsetzen und Garanten für einen dauerhaften Frieden sein würden. In Briefen, die er seinerzeit an den ersten Konsul Frankreichs, Napoleon, und an die russische Zarin Katharina richtete, unterstrich er sehr nachdrücklich deren Verantwortung für den Frieden in der Welt.

Es erweist sich hier, daß die Legende vom weltabgewandten, an keinerlei aktuellen oder gar politischen Fragen interessierten Denker, als der Fourier von bürgerlicher Seite immer wieder dargestellt wurde, nicht einmal gut erfunden ist. Für Eugen Dühring beispielsweise war der »unsäglich alberne« Fourier kaum geeignet, »in einer Geschichte wissenschaftlicher Gebilde anders als im Sinne einer Grenzbezeichnung des Möglichen berücksichtigt zu werden«. (14, S. 198) Dühring verstieg sich sogar zu der Behauptung, Fouriers Arbeiten, angefangen mit der »Theorie der vier Bewegungen«, seien die Werke eines Idioten, und wer dies nicht einsehen wolle oder könne, »der dürfte selbst unter irgend eine Kategorie von Idioten einzureihen sein«.

Bekanntlich hat sich Friedrich Engels mit den Dühringschen Ansichten und Positionen in der berühmt gewordenen Schrift »Herrn Eugen Dührings Umwälzung der Wissenschaft« (Anti-Dühring) prinzipiell auseinandergesetzt. Dennoch steht Dühring in der Verunglimpfung Fouriers nicht allein, auch Proudhon reiht sich hier mit seiner Kennzeichnung Fouriers als des »größten mystificateurs der modernen Zeiten« ebenso ein wie Jostock, der von den Fourierschen Ideen als »den

Karikatur auf die Weltherrschaftsansprüche Frankreichs und Englands. Kupferstich von Gillray, 1805

Traumbildern eines weltschmerzgeplagten Tertianers« spricht.

Lange Zeit galt es als ausgemacht, daß es sich bei Fourier um einen Narren, Scharlatan, ausschweifenden Phantasten, ja um einen Idioten gehandelt habe. Friedrich Engels war viele Jahre lang ziemlich der einzige, der den Fourierschen Ideen bescheinigte, daß sie auf einer »genialen Weltanschauung« beruhten. (10, 2, S. 606)

Ebenfalls im Dezember 1803 veröffentlichte Fourier in einer Lyoner Zeitung einen kleinen Aufsatz unter der Überschrift »Die allgemeine Harmonie« (Harmonie universelle). In diesem Artikel, der wenige Monate nach Saint-Simons Erstlingswerk »Briefe eines Genfer Einwohners an seine Zeitgenossen« erschien, berichtete Fourier von Ergebnissen seiner vierjährigen intensiven Studien über die »Gesetze der sozialen Bewegung«, die er mit der gleichen wissenschaftlichen Akribie aufzudecken gedenke, wie andere Gelehrte vor ihm die »Gesetze der materiellen Bewegung« entdeckt hätten. Mit dem Beitrag »Die allgemeine Harmonie« trat er erstmals mit seiner Theorie literarisch in Erscheinung, und in der Tat enthält diese kleine Arbeit im Ansatz bereits viele wesentliche Gedanken seiner Lehre, die er dann fünf Jahre später in dem Werk »Theorie der vier Bewegungen und der allgemeinen Bestimmungen« (Théorie des quatre mouvements et des destinées générales) entwickelte und ausführlich darlegte.

Sein wechselvolles Schicksal während der Revolution, die Zwangsrekrutierung, zunächst für die konterrevolutionären

F. Engels/K. Marx: Die heilige Familie: »Unter der Regierung des Direktoriums bricht die bürgerliche Gesellschaft ... in gewaltigen Lebensströmungen hervor. Sturm und Drang nach kommerziellen Unternehmungen, Bereicherungssucht, Taumel des neuen bürgerlichen Lebens, dessen erster Selbstgenuß noch keck, leichtsinnig, frivol, berauschend ist, wirkliche Aufklärung des französischen Grund und Bodens, dessen feudale Gliederung der Hammer der Revolution zerschlagen hatte und welchen nun die erste Fieberhitze der vielen neuen Eigentümer einer allseitigen Kultur unterwirft; erste Bewegungen der freigewordenen Industrie – das sind einige von den Lebenszeichen der neuentstandnen bürgerlichen Gesellschaft. Die bürgerliche Gesellschaft wird positiv repräsentiert durch die Bourgeoisie. Die Bourgeoisie beginnt also ihr Regiment.« (10, 2, S. 130)

Girondisten in Lyon, später der »Levée en masse« für die Revolutionsarmee gegen die anstürmenden äußeren Feinde, seine wiederholten Inhaftierungen ebenso wie der Verlust seines Vermögens, das alles gab ihm Gelegenheit, tiefer und gründlicher über die gesellschaftliche Bewegung nachzudenken. Noch mehr aber weckte die nachrevolutionäre Entwicklung sein soziales und politisches Gewissen. Als er im Jahre 1796 wegen Krankheit aus der Armee entlassen wurde, hatte die revolutionäre Jakobinerherrschaft längst ihr Ende gefunden, hatten die großbürgerlichen Kräfte das Zepter übernommen und die Direktorialregierung eingesetzt. In seinem Beruf boten sich Fourier vielfältige Möglichkeiten, die neuen gesellschaftlichen Verhältnisse kennenzulernen und zu studieren. Er war viel unterwegs, lernte die verschiedensten Städte und Gegenden des Landes kennen, konnte sich also bestens über die Situation informieren. Er sah, wie die Bevölkerung durch Spekulanten erbarmungslos ausgeplündert wurde, bemerkte den Glanz, den die neuen Mächtigen um sich verbreiteten, und gleichzeitig das unsagbare Elend, in dem die große Masse des Volkes dahinvegetieren mußte. In Marseille beispielsweise mußte er tatenlos zusehen, wie eine ganze Schiffsladung Reis ins Meer geschüttet wurde, um den Preis der Ware zu erhöhen, obwohl die Menschen in Marseille und Umgebung hungerten. Und in einem Pariser Lokal konnte er feststellen, daß man dort für einen Apfel hundertmal mehr zahlen mußte als in jener ländlichen Gegend, in der er sich gerade zuvor aufgehalten hatte. Für Fourier stellte sich die ganze Situation als »Umkehrung der natürlichen Ordnung« dar. Deshalb setzte er sich daran, die bisherigen Erkenntnisse über Natur und Gesellschaft kritisch unter die Lupe zu nehmen.

Anders jedoch als Saint-Simon hatte Fourier nicht die Möglichkeit, Universitäten zu besuchen, er mußte sich sein notwendiges Wissen selbst aneignen, als Autodidakt, jeweils in den Abend- und Nachtstunden in den Büros und Kontoren. Die Kenntnisse, die er sich dabei erwarb und die aus seinen Werken sprechen, müssen uns deshalb eine um so größere Hochachtung abnötigen. Mehr aber noch wurzelt seine Theorie in der kritischen Betrachtung der Wirklichkeit. Mit erstaunlicher Genauigkeit und Exaktheit zeichnete er das Bild der Lebensverhältnisse seiner Zeit, deckte die darin enthaltenen Widersprüche schonungslos auf und entwickelte davon aus-

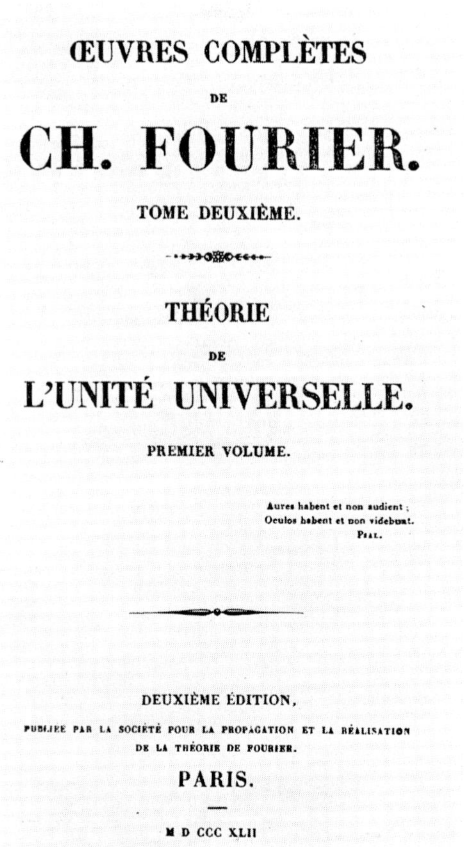

ŒUVRES COMPLÈTES

DE

CH. FOURIER.

TOME DEUXIÈME.

THÉORIE

DE

L'UNITÉ UNIVERSELLE.

PREMIER VOLUME.

Aures habent et non audient ;
Oculos habent et non videbunt.
Psal.

DEUXIÈME ÉDITION,

PUBLIÉE PAR LA SOCIÉTÉ POUR LA PROPAGATION ET LA RÉALISATION
DE LA THÉORIE DE FOURIER.

PARIS.

M D CCC XLII

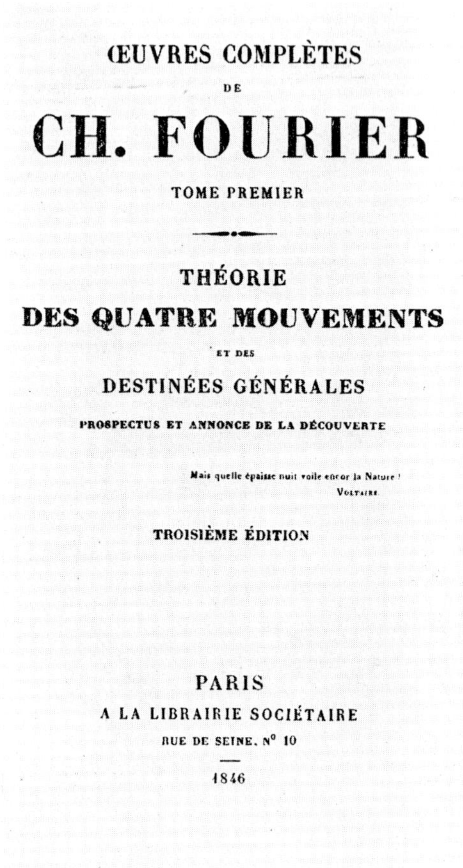

ŒUVRES COMPLÈTES

DE

CH. FOURIER

TOME PREMIER

THÉORIE

DES QUATRE MOUVEMENTS

ET DES

DESTINÉES GÉNÉRALES

PROSPECTUS ET ANNONCE DE LA DÉCOUVERTE

Mais quelle épaisse nuit voile encor la Nature !
Voltaire.

TROISIÈME ÉDITION

PARIS

A LA LIBRAIRIE SOCIÉTAIRE

RUE DE SEINE, N° 10

1846

Titelblatt von Fouriers »Theorie der universellen Einheit« und von Fouriers »Theorie der vier Bewegungen«

Charles Fourier: Theorie der vier Bewegungen: »Schließlich dachte ich, daß, wenn die menschliche Gesellschaft nach der Meinung Montesquieus ›von einer erschlaffenden Krankheit, einem inneren Laster,

gehend Vorstellungen, wie diese verkehrte Welt ins rechte Gleis zu bringen sei.

Mit seinem 1808 veröffentlichten Buch »Theorie der vier Bewegungen« legte Fourier der Öffentlichkeit die erste größere Publikation seiner Ideen vor. Hier finden wir nun in der Tat bereits alle Momente seiner Lehre enthalten und zu einer Weltanschauung zusammengefaßt. Es ist also nicht ein Werk, das ausschließlich die Gesellschaft zum Gegenstand hat, ihre Geschichte untersucht, den aktuellen Zustand analysiert und kritisiert und Vorschläge für deren Reorganisation unterbreitet, sondern die Behandlung dieser Probleme ist eingebunden in Betrachtungen über naturphilosophische und erkenntnistheoretische Gegenstände. Es handelt also im wahrsten Sinne des Wortes von Gott und der Welt.

einem geheimen verborgenen Gift‹ befallen sei, man ein Gegenmittel finden könne, indem man sich von der Methode der unexakten Wissenschaften entfernt, welche seit so vielen Jahrhunderten dieses Heilmittel nicht gefunden haben. In meinen Untersuchungen machte ich es mir daher zur Regel, alles anzuzweifeln und von allem Bisherigen abzuweichen.« (4, S. 47 f.)

Karl Marx: Der achtzehnte Brumaire des Louis Bonaparte: Napoleon »schuf im Innern von Frankreich die Bedingungen, worunter erst die freie Konkurrenz entwickelt, das parzellierte Grundeigentum ausgebeutet, die entfesselte industrielle Produktivkraft der Nation verwandt werden konnte, und jenseits der französischen Grenzen fegte er überall die feudalen Gestaltungen weg, soweit es nötig war, um der bürgerlichen Gesellschaft in Frankreich eine entsprechende, zeitgemäße Umgebung auf dem europäischen Kontinent zu verschaffen.« (10, 8, S. 116)

Obwohl sein Buch nicht die erhoffte Resonanz fand, ließ sich Fourier davon nicht entmutigen. Im Gegenteil, er fühlte sich nun erst recht angestachelt, seine Forschungen, Untersuchungen und Überlegungen weiterzutreiben, notwendige Änderungen oder Ergänzungen seiner Theorie vorzunehmen und seine Gedanken in eine stärkere Systematik zu bringen. Besonders in den Jahren 1817 bis 1821 bot sich ihm Gelegenheit zu ungestörter Arbeit, da ihm durch den Tod der Mutter eine kleine Erbschaft zugefallen war, die ihn von beruflichen Verpflichtungen unabhängiger machte. Vornehmlich in diesen Jahren entstand sein mehrbändiges Hauptwerk »Traité de l'Association domestique—agricole ou attraction industrielle«, das im Jahre 1822 erstmals erschien und später unter dem Titel »Theorie der universellen Einheit« (Théorie de l'unité universelle) bekannt wurde. Bei der Herausgabe wurde er von Just Muiron unterstützt, einem städtischen Beamten aus Fouriers Vaterstadt Besançon, der sich nicht nur als enger persönlicher Freund, sondern auch als begeisterter Anhänger der Fourierschen Ideen erwies. In den philosophischen Fragen gewidmeten Passagen des Werkes, die einen breiten Raum einnehmen, zeigte er sich ebenso als Meister der Polemik wie in den gesellschaftskritischen Aussagen. Zu Recht steht deshalb die Einschätzung Engels' im »Anti-Dühring«, daß wir »bei Fourier eine echt französisch-geistreiche, aber darum nicht minder tief eingreifende Kritik der bestehenden Gesellschaftszustände« finden. »Er deckt die materielle und moralische Misere der bürgerlichen Welt unbarmherzig auf ...« (10, 20, S. 242)

Zweifellos halfen ihm dabei seine Lyoner Erfahrungen und das sich nach der endgültigen Niederlage Napoleons immer deutlicher offenbarende kapitalistische Gesicht der nachrevolutionären Gesellschaft. Das brachte auf der einen Seite eine in Frankreich bislang ungekannte Entwicklung der Produktivkräfte und spürbaren Aufschwung in der Wirtschaft, dies geschah aber — wie sollte es in der kapitalistischen Ordnung anders sein — auf Kosten der breiten Masse des Volkes, das in keiner Weise daran partizipierte. Im Gegenteil, der Gegensatz zwischen arm und reich wurde immer gravierender, die Widersprüche des Systems waren nicht mehr zu übersehen.

In der zweiten Hälfte der zwanziger Jahre siedelte Fourier endgültig nach Paris über. Im Jahre 1829 erschien dann seine

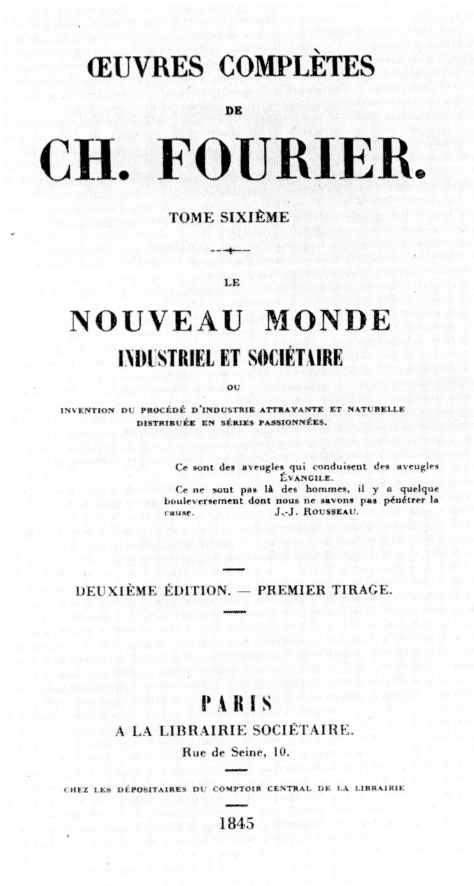
ŒUVRES COMPLÈTES

DE

CH. FOURIER.

TOME SIXIÈME

LE

NOUVEAU MONDE

INDUSTRIEL ET SOCIÉTAIRE

OU

INVENTION DU PROCÉDÉ D'INDUSTRIE ATTRAYANTE ET NATURELLE DISTRIBUÉE EN SÉRIES PASSIONNÉES.

Ce sont des aveugles qui conduisent des aveugles
ÉVANGILE.

Ce ne sont pas là des hommes, il y a quelque bouleversement dont nous ne savons pas pénétrer la cause.
J.-J. ROUSSEAU.

DEUXIÈME ÉDITION. — PREMIER TIRAGE.

PARIS

A LA LIBRAIRIE SOCIÉTAIRE.

Rue de Seine, 10.

CHEZ LES DÉPOSITAIRES DU COMPTOIR CENTRAL DE LA LIBRAIRIE

1845

Titelblatt von Fouriers »Die neue industrielle und sozietäre Welt«

Arbeit »Die neue industrielle und sozietäre Welt« (Le nouveau monde industriel et sociétaire). August Bebel meint von diesem Werk, es sei »von allen Schriften Fouriers das präziseste und am klarsten geschriebene; er vermeidet möglichst die spekulativen und kosmogenetischen Träumereien, befaßt sich dagegen um so mehr mit allen praktischen Fragen seines Systems; es kann als die eigentliche Quintessenz seiner Theorien angesehen werden«. (17, S. 45)

Seine letzten Lebensjahre verliefen, wie eigentlich sein ganzes Leben, in einem bescheidenen äußeren Rahmen. Heinrich Heine, der zu jener Zeit im Pariser Exil lebte, gibt uns davon ein bezeichnendes Bild: »... wie oft sah ich ihn in seinem grauen, abgeschabten Rock längs den Pfeilern des Palais-Royal hastig dahinschreiten, die beiden Rocktaschen schwer belastet, so daß aus der einen der Hals einer Flasche und aus der anderen ein langes Brot hervorguckten. Einer meiner Freunde, der ihn mir zuerst zeigte, machte mich aufmerksam auf die Dürftigkeit eines Mannes, der seine Getränke beim Weinschank und sein Brot beim Bäcker selbst holen mußte.« (5, S. 16) Eine Schwester hatte ihn, den Junggesellen, bei sich aufgenommen; um ihn hatten sich einige Anhänger geschart, von denen wir hier besonders Victor Considerant, das spätere Haupt der fourieristischen Schule, hervorheben möchten.

Trotz Krankheit arbeitete er bis zu seinem Tode am 10. Oktober 1837 diszipliniert und angestrengt. Er veröffentlichte Artikel in den verschiedensten Zeitschriften, sofern ihm dazu Möglichkeit gegeben wurde, und verfaßte eine Reihe von Manuskripten, deren thematisches Spektrum von sozialen und ökonomischen Problemen bis zu ethischen und pädagogischen Fragen reicht. Diese Manuskripte sind allerdings erst nach seinem Tode der Öffentlichkeit zugänglich gemacht worden. Daneben setzte er sich kritisch mit den Positionen der beiden anderen zeitgenössischen utopistisch-sozialistischen Strömungen und Schulen auseinander, mit den Saint-Simonisten und den Owenisten.

Außerdem unternahm er kurz vor seinem Tode mit dem Werk »Die falsche Industrie« (1835/36) einen letzten verzweifelten Versuch, die Öffentlichkeit für seine Ideen zu gewinnen. Allerdings ist auffällig, daß diesem Buch bereits der Elan und die Begeisterung fehlen, die gerade seine früheren Veröffentlichungen, insbesondere sein größeres literarisches Erstlingswerk, die »Theorie der vier Bewegungen«, auszeichneten. Auch Züge der Resignation sind nun nicht mehr zu übersehen.

Dazu mag wohl auch beigetragen haben, daß Fourier, nun an seinem Lebensabend, einsehen mußte, daß sein großangelegtes Projekt einer Sozialreform, auf dessen Erarbeitung und Propagierung er so viel Kraft verwendet hatte, ein totgeborenes Kind war. Seine wiederholten Aufrufe zur Subskription verhallten ungehört, und auch der von seinen Anhängern im Jahre 1832 — zwar gegen seinen Willen — unternommene Versuch, ein Phalanstère zu gründen, scheiterte kläglich.

Wir wollen es deshalb bei diesem knappen Überblick über das Leben Charles Fouriers und einer ersten Vorstellung seiner Werke bewenden lassen, um im folgenden seine Ideen etwas näher zu beleuchten.

Seneca, Lucius Annaeus (um 4 v. u. Z. – 65) – römischer Staatsmann, Dichter und Philosoph; Erzieher und später Berater Neros, Anhänger des Stoizismus

Pythagoras von Samos (um 570 v. u. Z. bis um 490 v. u. Z.) – griechischer Philosoph und Mathematiker, Begründer des Geheimbundes der Pythagoreer, der durch seine mathematischen und astronomischen Studien auch für die Philosophiegeschichte Bedeutung gewann

Montesquieu, Charles-Louis de Secondat (1689–1755) – französischer Rechts- und Geschichtsphilosoph der Aufklärung; Hauptwerk: Vom Geist der Gesetze (1748)

Voltaire, d. i. Francois-Marie Arouet (1694 bis 1778) – Philosoph und Schriftsteller, einer der Hauptvertreter der französischen Aufklärung, Mitarbeiter an der »Enzyklopädie«

Condillac, Etienne Bonnot de (1714–1780) – französischer aufklärerischer Philosoph, vertrat eine sensualistische Erkenntnistheorie

Zweifellos stehen im Zentrum des Fourierschen Systems die Gesellschafts- und Geschichtsauffassungen, insbesondere die Kritik an den zeitgenössischen sozialen Verhältnissen und der Entwurf einer kühnen Alternative. Dennoch bleibt vieles davon unverständlich, wenn man sich nicht ständig Fouriers weltanschauliche Positionen vor Augen hält. Seine erkenntnistheoretischen und naturphilosophischen Auffassungen sind nämlich eine unmittelbare Hinführung zu seinen gesellschaftspolitischen Theorien und deren theoretisch-philosophische Grundlegung. Sie stellen den Versuch dar, Natur und Gesellschaft zu einer untrennbaren Einheit zusammenzuschließen und deren gemeinsame Bewegungsgesetze aufzudecken.

Dabei sind die Quellen seiner Auffassungen äußerst mannigfaltig. Sie reichen von der Antike — es finden sich wiederholt unmittelbare Bezüge auf Sokrates, Platon und Seneca, ebenso spielen die Lehren des Pythagoras eine nicht unwesentliche Rolle — bis in die Neuzeit und zu zeitgenössischen Vertretern von Philosophie und Naturwissenschaft.

Im methodischen Herangehen verband ihn vieles mit René Descartes, und dem berühmten Isaac Newton zollt er — wie bereits Saint-Simon — großen Respekt und Anerkennung, wenngleich er nicht bereit ist, dessen Euphorie für den Stammvater der klassischen Mechanik zu teilen. Zu Recht heben die Klassiker des Marxismus in ihrer Schrift »Die heilige Familie« hervor, daß Fourier »unmittelbar von der Lehre der französischen Materialisten« (10, 2, S. 139) ausgeht. Zudem beschäftigte er sich gründlich mit den Ideen von Montesquieu, Voltaire, Condillac und Rousseau. Gerade Jean-Jacques Rousseaus großer Erziehungsroman »Emile oder Über die Erziehung« genießt seine ausgesprochene Sympathie, wie ihn überhaupt vieles mit diesem Denker verbindet.

Daneben setzte er sich kritisch mit den Positionen der klassischen deutschen bürgerlichen Philosophie, namentlich mit Kant, Fichte und Schelling, auseinander, lernte in Lyon die Ansichten der dortigen Mystiker und Sozialreformatoren kennen und war auch mit den Positionen der beiden anderen bedeutenden zeitgenössischen utopischen Sozialisten, Saint-Simon und Owen, sowie deren Schulen bekannt. Nicht unerwähnt soll in diesem Zusammenhang bleiben, daß es bei Fourier zahlreiche Übereinstimmungen und Anknüpfungs-

Jean-Jacques Rousseaus berühmter Erziehungsroman »Emile« übte auf das Denken Fouriers einen großen Einfluß aus.

punkte zu den Ideen des französischen Philosophen und utopischen Kommunisten des 18. Jh. Morelly gibt, obwohl nicht nachgewiesen ist, daß er dessen Schriften kannte.

Es zeugt von großem Fleiß und Belesenheit, daß er, der weder Philosophie noch eine andere Wissenschaft jemals an Universitäten studiert hat, sich durchaus in der einschlägigen Literatur auskannte, wenngleich gewisse Lücken und Einseitigkeiten nicht zu übersehen sind. Diese aber werden kompensiert durch die vielfältigen praktischen Erfahrungen, die er immer wieder sammeln konnte. Überhaupt nahm die Erfahrung neben der Phantasie in seinem Denken eine hervorragende Stellung ein. Sehr vehement setzte er sich mit jenen Theoretikern auseinander, deren Ideen die praktischen Erfahrungen unberücksichtigt lassen. Er faßte sie unter der Bezeichnung »Philosophen« zusammen. Es scheint in diesem Zusammenhang wichtig, darauf hinzuweisen, daß Fourier nicht alle, die wir heute als Philosophen bezeichnen, zu den Vertretern der »unsicheren« oder unexakten Wissenschaften zählte, son-

Charles Fourier: Theorie der vier Bewegungen: »Unter Philosophen verstehe ich hier nur die Autoren der unexakten Wissenschaften, die Politiker, Moralisten, Ökonomisten und andere, deren Theorien mit der Erfahrung unvereinbar sind, Theorien, die nur die Phantasie ihrer Autoren zum Gesetz erheben.« (4, S. 46)

Lesesaal der Pariser Bibliothek Sainte geneviève. Holzstich von E. Renard, um 1850

F. Engels: Anti-Dühring: »Wir sahen ..., wie die französischen Philosophen des 18. Jahrhunderts, die Vorbereiter der Revolution, an die Vernunft appellierten ... Ein vernünftiger Staat, eine vernünftige Gesellschaft sollten hergestellt, alles, was der ewigen Vernunft widersprach, sollte ohne Barmherzigkeit beseitigt werden ... Als nun die Französische Revolution diese Vernunftgesellschaft und diesen Vernunftstaat verwirklicht hatte, stellten sich daher die neuen Einrichtungen, so rationell sie auch waren gegenüber den frühern Zuständen, keineswegs als absolut vernünftig heraus ...

dern nur jene, die idealistisch an die Erklärung der Welt herangehen. Bürgerliche Fourierinterpreten und -forscher haben diese bedeutsame Unterscheidung mit mehr oder weniger Absicht allzugern übersehen.

Charles Fourier begann seine erste größere Arbeit, die »Theorie der vier Bewegungen«, mit einer vernichtenden Kritik der bisherigen Gesellschaftstheorien:

»In den fünfundzwanzig Jahrhunderten ihres Bestehens haben die politischen und moralischen Wissenschaften nichts für das Glück der Menschheit getan. Sie ... liefen nur darauf hinaus, Armut und Verrat zu verewigen ... Schon der Anblick der Armen, die die Städte bevölkern, zeigt an, daß die Einsichten der Philosophen nichts sind als Verirrungen.« (4, S. 61) Ein solch hartes Urteil erklärt sich vornehmlich als Reaktion auf die Ergebnisse der Französischen Revolution, die alles andere waren als der erhoffte und beschworene Sieg der Vernunft. Ausdrücklich bezieht sich Fourier auf dieses Jahrhundertereignis, für dessen Zustandekommen er die »Philosophen« und politischen Zirkel verantwortlich machte.

Er ist der Meinung, daß sich die Vernunft als einziges die Aufgabe hätte stellen sollen, die Theorie der vier Bewegungen zu studieren. Für sich selbst nimmt er in Anspruch, nun endlich diese Theorie entdeckt zu haben, von der er — nicht gerade sehr bescheiden — meint, daß sie »wichtiger als alle

Kurzum, verglichen mit den prunkhaften Verheißungen der Aufklärer, erwiesen sich die durch den ›Sieg der Vernunft‹ hergestellten gesellschaftlichen und politischen Einrichtungen als bitter enttäuschende Zerrbilder.« (10, 20, S. 239 f.)

Leibniz, Gottfried Wilhelm (1646–1716) – deutscher Philosoph, Vertreter des Rationalismus; L. gehörte zu den bedeutendsten Vertretern frühbürgerlichen Denkens, der in seinen Lehren das philosophische, naturwissenschaftliche und politische Wissen seiner Zeit verarbeitete.

Zu den »passions distributives ou mécanisantes« zählen: la papillone – das Bedürfnis nach Abwechslung; la cabaliste – das Bedürfnis nach Intrige; la composite – das Bedürfnis nach Begeisterung. Sie alle werden im l'unitéisme, dem Streben nach Einheit, zusammengefaßt.

wissenschaftlichen Arbeiten seit der Entstehung des Menschengeschlechts« sei. (4, S. 44) Unter den vier Bewegungen versteht Fourier die soziale, tierische (animalische), die organische und schließlich die materielle. Später, in der »Theorie der universellen Einheit«, hat er diese Bewegungsformen um eine fünfte, nämlich die sog. aromale, ergänzt. Kritisch merkte er an, daß bislang allein die Theorie der materiellen Bewegung, namentlich durch Newton und Leibniz, näher untersucht worden sei.

Als wichtigste und alle übrigen Formen bestimmende Bewegung sah er jedoch die soziale Bewegung an, deren Theorie die Gesetze, »denen gemäß Gott die Anordnung und die Aufeinanderfolge der verschiedenen Gesellschaftsmechanismen aller bewohnten Welten regelt«, zum Gegenstand hat. (3, S. 3) Sie ist gewissermaßen der »Angelpunkt des Ganzen« (Bebel); Fourier selbst nannte sie in späteren Anmerkungen die entscheidende Bewegung, ergänzte sie durch das Attribut »leidenschaftlich« und ordnete ihr die übrigen unter. Er meinte: »*Alles*, von dem Atom bis zu den Gestirnen, ist den menschlichen Leidenschaften nachgebildet.« (4, S. 82)

Damit ist zugleich auf ein weiteres wichtiges Element in seinem weltanschaulichen Denken aufmerksam gemacht, nämlich die Anerkennung bestimmter Prinzipien und Passionen (Triebe), denen die Natur (das Weltall) und der Mensch unterworfen sind. Danach besteht die Welt aus »drei ewigen, unerschaffbaren und unzerstörbaren Prinzipien:
— Gott oder dem Geist, aktives und bewegendes Prinzip;
— der Materie, passives und bewegtes Prinzip;
— der Gerechtigkeit oder den mathematischen Gesetzen, regulierendes Prinzip.

Analog dem Weltall besteht auch der Mensch aus drei Prinzipien:
— den Trieben (passions), aktives und bewegendes Prinzip;
— dem Körper, passives und bewegtes Prinzip;
— der Intelligenz, neutrales und regulierendes Prinzip«.
(17, S. 28)

Innerhalb des Fourierschen Systems spielt die Theorie von den Passionen, die sehr verschieden als Triebe oder Leidenschaften übersetzt werden, aber in beiden Bedeutungen nicht den ganzen Sinn des Begriffs treffen, eine herausragende Rolle. Fourier unterscheidet verschiedene Arten von Passionen: die elementaren, wozu er die fünf menschlichen Sinne

Michel de Montaigne (1533–1592). Stich von Ficquet. Französischer Moralphilosoph, Schriftsteller, Jurist und Politiker, der einen fortschrittlichen Skeptizismus vertrat

Pierre Bayle (1647 bis 1706). Stich von Chareau. Französischer Philosoph und Publizist; er gilt als einer der Hauptvertreter der französischen Frühaufklärung.

und dazu Freundschaft, Ehrgeiz, Liebe und Familiensinn rechnet, und die »passions distributives ou mécanisantes«, die sinnvollerweise als ansteckende oder antreibende Passionen übersetzt werden.

Fourier sah die Ursache dafür, daß es ihm gelungen war, die Theorie der vier Bewegungen aufzudecken, darin, daß er zum einen nicht jene beiden wichtigen Studienzweige vergessen habe, die zu dieser Theorie der allgemeinen Bestimmungen hinführten, nämlich »die Studien über die landwirtschaftliche Vereinigung und die leidenschaftliche Anziehungskraft« (4, S. 45), und daß er zum anderen eine Methode verfolgte, die er »den unbedingten Zweifel« und »die völlige Abweichung« nannte.

Obwohl er selbst die Auffassung vertrat, daß sich vor ihm noch niemand dieser Verfahren bedient habe, so steht er damit doch in einer langen, speziell auch französischen Tradition. In Wirklichkeit setzte er jene Linie der progressiven

Skeptizismus – ursprünglich eine in der antiken Philosophie verbreitete philosophische Schule, die besonders den Skeptizismus einiger französischer Renaissancephilosophen beeinflußte. Er spielte dort insofern eine positive Rolle, weil er sich gegen die scholastischen Dogmen, gegen religiösen Fanatismus und feudale Willkürherrschaft richtete (z. B. bei M. de Montaigne). Bei R. Descartes und P. Bayle wird der Zweifel zu einem wichtigen methodischen Prinzip in der Philosophie.

skeptischen Philosophie fort, die von Michel Montaigne über René Descartes zu Pierre Bayle führte. Diese Denker verstanden den Zweifel nicht im skeptizistisch-negierenden Sinne, sondern nutzten ihn als Methode zu tieferer Erkenntnis. Das, was auch Fourier nachdrücklich forderte, diesen Geist des exakten und zugleich kritischen Denkens in der Wissenschaft, hatte beispielsweise Descartes als Grundprinzip seiner Methodenlehre formuliert. Nun konnte Fourier freilich die cartesianischen Leistungen nicht völlig ignorieren, weshalb er diesem zugestand, er hätte zumindest eine Vorstellung vom unbedingten Zweifel gehabt, fügte jedoch sofort einschränkend hinzu, er habe leider nur teilweise und am falschen Orte vom Zweifel Gebrauch gemacht. Sein eigenes Vorgehen hingegen sei radikal gewesen, schon deshalb, weil er selbst keiner wissenschaftlichen Richtung oder Schule angehöre, auf die er hätte Rücksichten nehmen müssen, mehr noch, er scheue auch nicht davor zurück, »selbst den Grundlagen zu mißtrauen, die sich allgemeiner Anerkennung erfreuen«. (4, S. 48) Er ist auch sofort bereit, ein Beispiel dafür zu liefern, ein Beispiel übrigens, das den enormen dialektischen Gehalt seines Denkens offenbart und das darüber hinaus — oder richtiger gesagt: gerade deshalb — ungeahnte revolutionäre Potenzen und Dimensionen in sich birgt. »Gibt es . . . etwas Unvollkommeneres als diese Zivilisation, die alle Übel zur Folge hat?«, fragt Fourier an und will unter Zivilisation die seinerzeitige Gesellschaft verstanden wissen. Und weiter: »Was wäre fragwürdiger als ihre Notwendigkeit und ihr Fortbestehen? Ist es nicht wahrscheinlicher, daß sie nur eine Sprosse der sozialen Leiter darstellt? Wenn ihr drei andere Gesellschaftsordnungen vorausgingen, der Zustand der Wildheit, das Patriarchat und die Barbarei, folgt denn daraus, daß sie, weil sie die vierte ist, auch die letzte sein muß? Könnten aus ihr nicht andere entspringen, und werden wir nicht eine fünfte, sechste und siebente Gesellschaftsordnung sehen, die vielleicht weniger verhängnisvoll sein werden als die Zivilisation, und die unbekannt geblieben sind, weil man niemals versucht hat, sie zu entdecken? Man muß also an der Zivilisation zweifeln, an ihrer Notwendigkeit, ihrer Vorzüglichkeit, ihrer Dauer.« (2, S. 48) Allein diese Passage, die gewissermaßen ganz unvermittelt hingeworfen scheint, beweist bereits das große historische Verständnis, das Fourier und seine Werke auszeichnet und von den Klassikern des Marxismus immer wieder akzentuiert wurde. Es ist schon eine bemerkenswerte Leistung, wie er in allem, was existiert, eine Entwicklung sieht, eine Entwicklung, die in Analogie zum Menschen vier Phasen umfaßt, nämlich die Phase der Kindheit, die der Zunahme oder aufsteigenden Entwicklung, dann die der Abnahme oder des allmählichen Niedergangs und schließlich die Phase des Alters und des Todes.

Nun steht Fourier mit dieser Vier-Phasen-Theorie in seiner Zeit allerdings längst nicht allein, auch andere Zeitgenossen, erinnert sei hier nur an Herder und Kant, haben sich des Bilds der Entwicklung von der Kindheit über den Jüngling und Mann bis hin zum Greis bedient. Aber nirgends war der Entwicklungsgedanke so universell und zugleich konsequent durchgeführt wie bei Fourier.

Der Königsberger Philosophieprofessor Immanuel Kant, der die klassische deutsche bürgerliche Philosophie einleitete, hatte in einer seiner ersten Schriften, der »Allgemeinen Naturgeschichte und Theorie des Himmels oder Versuch von der Verfassung und dem mechanischen Ursprung des ganzen Weltgebäudes, nach Newtonschen Grundsätzen abgehandelt«, den verdienstvollen Versuch unternommen, die vorgeblich ewige und unveränderliche Welt der Sterne als einen ungeheuren historischen Prozeß des Entstehens und Vergehens zu begreifen. Fourier folgte Kant in diesem Gedanken, der Bewegung in die bis dahin erstarrte Naturauffassung brachte und den Engels den »Springpunkt allen ferneren Fortschritts« nannte. (10, 20, S. 316) Auch Fourier war der Meinung, daß die Himmelskörper, die Planeten, einen Anfang und ein Ende haben, daß sie — wie der Mensch — geboren werden, Phasen des Auf- und Abstiegs erleben und schließlich auch die des Todes. Er wollte allerdings den Geltungsbereich dieser Gesetzmäßigkeit nicht auf die Planetenwelt allein beschränkt wissen. Vielmehr gelte sie naturgemäß auch für die Menschheit.

Fourier unterteilt den geschichtlichen Verlauf in vier Phasen mit insgesamt 32 Perioden. Während er für die erste und vierte Phase jeweils 5000 Jahre veranschlagt, umfassen die zweite und dritte Phase (je 9 Perioden) je 35000 Jahre. Zwischen ihnen liegt die »Angelpunktsperiode«, mit der der »Höhepunkt des Glücks« erreicht wird.

Wichtig ist festzuhalten, daß Fourier den Entwicklungsgang der Weltgeschichte dialektisch behandelte und daß dieses dialektische Herangehen an die Geschichte von Natur und Gesellschaft, die er stets als eine Einheit begriff, ihm zu Einsichten verhalf, die dem tatsächlichen Entwicklungsgang in vielfältiger Hinsicht nahekamen.

Allein die Feststellung, daß sich die Entwicklung in Natur und Gesellschaft gesetzmäßig vollzieht, und der unternom-

François-Marie-Charles Fourier. Lithographie eines unbekannten Künstlers

mene Versuch, diese Gesetzmäßigkeiten aufzufinden, sind eine Leistung, die unseren höchsten Respekt verdienen, bei allem »kosmogonischen Unsinn«, der dabei verzapft wurde. (10, 27, S. 24) Bemerkenswert ist ebenso seine Erkenntnis, daß der »Niedergang einer Gesellschaft durch soziale Fortschritte erzeugt werden kann« (4, S. 145) und daß sich in der untergehenden Gesellschaft bereits Elemente herausbilden, die eigentlich erst für die nachfolgende Ordnung charakteristisch sind, die aber gerade deshalb den Verfalls- und Übergangsprozeß wenn nicht gar bewirken, so doch befördern.

Fouriers Ideen, beispielsweise »in der ›Macht des Geldes‹ in der bürgerlichen Gesellschaft eine Garantie sozialistischer Ökonomie zu sehen«, ist in der Tat bei aller gleichzeitigen

Naivität genial zu nennen. (12, S. 180) Gleiches gilt für die Tatsache, daß er nicht allein verschiedene Stufen in der gesellschaftlichen Entwicklung herausgearbeitet, sondern zugleich mit dem jeweils erreichten Stand in der materiellen Produktion des Lebens verbunden hat, womit er zweifellos dem von Marx begründeten Begriff der ökonomischen Gesellschaftsformation vorarbeitete.

Wir können deshalb Friedrich Engels nur zustimmen, der feststellte, daß Fourier in seinen Ideen über die Geschichte am großartigsten erscheint. (10, 10, S. 242)

Kritik der bürgerlichen Gesellschaft und Ökonomie

Am Beispiel seiner Geschichtsphilosophie haben wir gesehen, daß Fourier »die Dialektik mit derselben Meisterschaft wie sein Zeitgenosse Hegel handhabt«. (10, 20, S. 243)

Meisterschaft kennzeichnet auch seine Kritik an der sich in Frankreich gerade etablierenden bürgerlichen Gesellschaft. Insbesondere auf diesem Gebiet hat er sich als »großartig« erwiesen, und die Charakterisierung, die Marx und Engels im »Manifest der Kommunistischen Partei« von Fourier geben, indem sie ihn als einen Vertreter des »*kritisch*-utopistischen Sozialismus« bezeichnen, würdigt diese Tatsache besonders.

In der Tat übertrifft er auf dem Gebiet der Kritik alle seine Vorgänger und Zeitgenossen bei weitem. Der junge Engels hob deshalb hervor, daß Fourier den Beweis liefere, »wie man allein durch die Kritik der Bourgeoisie, und zwar der Bourgeoisie in ihren inneren Beziehungen, abgesehen von ihrer Stellung zum Proletariat«, die Notwendigkeit der Überwindung des Kapitalismus nachweisen kann. (10, 2, S. 608) Seine gründliche Analyse und fundamentale Kritik der bürgerlichen Ordnung erwies sich so in erster Linie als die Aufdeckung der »materiellen und moralischen Misère der bürgerlichen Welt«. Naturgemäß vertrat er noch nicht ausdrücklich die Interessen des Proletariats, denn »zu einer Zeit, wo das Proletariat mit der industriellen und der kleinen Bourgeoisie noch gemeinsame Interessen hatte« (10, 3, S. 451), der Prozeß des Werdens als »Klasse für sich« sich erst zu vollziehen begann, war diese Klasse schwerlich als Träger einer alternativen Bewegung und Ordnung zu erkennen. Noch allzuviele Fäden verbinden das Frühproletariat mit der Kleinproduktion, erbarmungslose Ausbeutung hält es ebenso in Knecht-

Regierungstruppen greifen Barrikaden der aufständischen Weber an. Szene aus dem Lyoner Seidenweberaufstand im November 1831

schaft wie das verbreitete Analphabetentum. Hinzu kommt, daß insbesondere diese Schichten die negativen Folgen der Revolutionskämpfe, der inneren und äußeren Kriege zu tragen hatten. »Das sich aus diesen besitzlosen Massen eben erst als Stamm einer neuen Klasse absondernde Proletariat, noch ganz unfähig zu selbständiger politischer Aktion, stellte sich dar als unterdrückter, leidender Stand, dem in seiner Unfähigkeit, sich selbst helfen zu können, höchstens von außen her, von oben herab Hülfe zu bringen war.« (10, 20, S. 240)

Genauso sah es dann Fourier auch. Freilich zielen seine Intentionen auf eine generelle Reorganisation der Gesellschaft, geht er davon aus, daß die »zivilisatorischen« Mängel nicht allein den unteren Schichten schaden; in besonderer Weise jedoch bewegt ihn das Schicksal der Masse der Armen. Im unsicheren Dasein des armen Mannes, meint er, sei nur eines sicher, nämlich »erschossen, dezimiert zu werden, wenn er, als Masse auftretend, das fordert, was man dem einzelnen verweigert, Arbeit und Brot, oder wenn er es wagt, eine Milderung der Fron und Pein zu verlangen, die man ihm für den Preis eines erbärmlichen Unterhalts auferlegt«. (15, S. 114)

Fourier wußte sehr gut, wovon er sprach. Immerhin war er Zeitzeuge der Erhebungen der Lyoner Seidenweber in den Jahren 1831 und 1834, jener »Arbeiterschichten in Lyon, deren Leben kaum ein Alter von dreißig Jahren erreicht« und die angesichts der einstmals blühenden, nun aber unaufhaltsam niedergehenden Seidenindustrie unter der Losung

Zweiter Seidenweberaufstand in Lyon April 1834. Darstellung der Kämpfe in einem zeitgenössischen Holzschnitt

»Durch Arbeit leben oder im Kampf sterben« einen verzweifelten Kampf um die Erhaltung ihrer Arbeitsplätze und damit des notwendigen Unterhalts für sich und ihre Familien führten.

Doch nicht allein deswegen kritisierte er die Gesellschaft, »die so organisiert ist, daß sie den Armen durch die Herrschaft der falschen Konkurrenz, des Drucks auf den Lohn, immer ins äußerste Elend reißt«. (15, S. 114) Seine Kritik der bürgerlichen Ordnung ist vielmehr total, sie erfaßt alle Bereiche des gesellschaftlichen Lebens und deckt unbarmherzig die ganze Widersprüchlichkeit der kapitalistischen Gesellschaft auf. Produktion und Handel, Staat und Moral, Ehe und Familie, Bildung, Wissenschaft und Ideologie, alles unterwirft er der Kritik. Auf ihn trifft deshalb mit besonderer Berechtigung die im »Kommunistischen Manifest« getroffene Einschätzung zu, daß der utopische Sozialismus alle Grundlagen der bestehenden Gesellschaft angreift.

Es ist schon bewundernswert, mit welch großem geistigem Reichtum, mit welcher Beweglichkeit und Virtuosität des Denkens, mit welcher Überzeugungskraft und Anschaulichkeit sowie mit welch gleichzeitigem beißendem Spott er dies tat.

Wenngleich die Fouriersche Kritik das ganze Spektrum bürgerlicher Einrichtungen umfaßte, so widmete er zwei Bereichen dennoch seine besondere Aufmerksamkeit und rückte

F. Engels: Ein Fragment Fouriers über den Handel: »Fourier deckt die Heuchelei der respektablen Gesellschaft, den Widerspruch zwischen ihrer Theorie und ihrer Praxis, die Langeweile ihrer ganzen Existenz unerbittlich auf; er verspottet ihre Philosophie, ... ihre ›reine Moral‹, ihre einförmigen sozialen Institutionen und hält dagegen ihre Praxis, den doux commerce« (lieben Handel), »den er meisterhaft kritisiert, ihre liederlichen Genüsse, die keine Genüsse sind, ihre Organisation der Hahnreischaft in der Ehe, ihre allgemeine Konfusion.« (10, 2, S. 608 f.)

Charles Fourier: Die neue industrielle und sozietäre Welt: »Der Betrug, die Warenfälschung, haben einen solchen Grad erreicht, daß ein allgemeines Monopol als Schutzmittel gegen den Handel zu wünschen wäre.« (3, S. 184)

sie in den Mittelpunkt der Kritik, und zwar sind das zum einen der Handel und zum anderen die bürgerliche Ehe. An Beispielen vor allem aus diesen beiden Bereichen versuchte er deutlich zu machen, wie sehr doch die »Zivilisation« »der Antipode der Bestimmung« ist, eine »verkehrte Welt«, ja die »soziale Hölle«. (15, S. 131) Fourier belegte durch eine Vielzahl von Beispielen, wie der Handel aus allem, selbst aus den gegensätzlichen Erscheinungen, seinen Profit zieht. Er sei jene Kunst, so kennzeichnete er treffend dessen Charakter, für sechs Franken das zu verkaufen, was in Wirklichkeit nur drei Franken koste oder auch für drei Franken zu kaufen, was einen realen Wert von sechs Franken habe.

Bei all diesen Vorwürfen, die Fourier gegen den Handel und seine Praktiken erhebt und die allein aufzuzählen viele, viele Seiten füllen würde, bleibt dennoch zu beachten, daß er durchaus kein prinzipieller Gegner des Handels war, obwohl das manchem so erscheinen mag. Ganz im Gegenteil, er maß ihm eine bedeutende Rolle im wirtschaftlichen Gesamtmechanismus zu und verglich ihn in seiner Funktion mit der des menschlichen Blutes im Körper. Insbesondere bei der Verteilung der Waren und deren Transport komme ihm eine große Bedeutung zu. Er machte allerdings geltend, daß das auf den Handel in der bürgerlich-kapitalistischen Gesellschaft in keiner Weise zutrifft. Hier erweist sich der Handel als Parasit und beeinflußt mit den von ihm ausgehenden Wirkungen Produktion und Verkehr negativ. Durch willkürliche Preisfestsetzungen werden die tatsächlichen wirtschaftlichen Vorgänge verhüllt, und es entstehen verderbliche Rückwirkungen auf die Produktion.

Die von ihm angeführten Beispiele belegen sehr anschaulich die Wirkungen der freien Konkurrenz in der bürgerlich-kapitalistischen Gesellschaft und zeigen, wie weit Fourier bei der Analyse dieser gesellschaftlichen Ordnung und der sie beherrschenden ökonomischen Gesetze vorangekommen ist. Er ging davon aus, daß Wirtschaftskrisen ihre Ursachen vornehmlich in der Konkurrenz haben, worin Engels ihm folgte. Fourier war unmittelbarer Zeitzeuge der ersten bedeutenden Krisen, die die Wirtschaft und Gesellschaft Frankreichs erschütterten. Er erlebte in den Jahren 1811, 1815 und 1818/19 Krisen, die Folgen Napoleonischer Kriege und von Handelsspekulationen waren, er erlebte aber auch im Jahre 1825 die erste umfassende zyklische Überproduktionskrise, deren nähere

Betrachtung ihn zu der bemerkenswerten Einsicht führte, daß die »Armut in der Zivilisation aus dem Überfluß« geboren wird. (Vgl. 10, 20, S. 243) Weil sich der Widerspruch zwischen Organisation und Anarchie, der für die kapitalistische Produktionsweise typisch ist, beständig in einem »fehlerhaften Kreislauf« bewegt, macht er sich regelmäßig in den Krisen Luft, wobei aber stets neue Widersprüche gesetzt werden. Für Fourier war die Existenz von Krisen deshalb ein unleugbarer Beweis dafür, »daß das Industriesystem in jeder Hinsicht nur eine verkehrte Welt ist«. (3, S. 62) Das finde seinen Ausdruck auch im Charakter der Arbeit. Deshalb hielt er mit der Beschreibung der durch Ausplünderung und Knechtung gekennzeichneten Arbeit im Kapitalismus dieser Gesellschaft einen Spiegel vor. In der »Zivilisation« habe sich die Arbeit, eigentlich normale Lebensäußerung des Menschen und Quelle der Freude, in einen Fluch verwandelt. Die »zersplitterte Arbeit«, also die Arbeit im Kapitalismus, führe zu Falschheit, äußerster Uneinigkeit und letztlich zu Armut im Übermaß; sie stelle einen beständigen Kampf gegen die Konkurrenz dar und sei durch Unsicherheit und Abhängigkeit geprägt. (3, S. 211)

Trotz seines Gespürs dafür, daß zwischen der von ihm beschriebenen und kritisierten Art der Arbeit und dem Privateigentum ein Zusammenhang besteht, daß die »unfreie Arbeit« die »Quelle der Schädlichkeit des Privateigentums und

Die Pariser Börse um 1850

Eheschließung zur Zeit der Französischen Republik. Stich von Legrand

seines menschenentfremdeten Daseins« ist, gelang es ihm letztlich jedoch noch nicht, den Mechanismus der entfremdeten Arbeit zu durchschauen. (Vgl. 10, EB 1, S. 534) Erst Karl Marx hat dann in mehreren seiner frühen Schriften, vor allem in den »Ökonomisch-philosophischen Manuskripten« aus dem Jahre 1844, die Theorie von der Entfremdung der Arbeit in den Mittelpunkt seiner Untersuchungen gestellt und damit wichtige Grundlagen für die Entwicklung der Mehrwerttheorie geschaffen. In der Marxschen Entfremdungskonzeption sind jedoch die Spuren Fouriers unübersehbar, gelegentlich verweist er sogar auf ihn.

Wir sind bisher vornehmlich auf Fouriers Kritik der ökonomischen Laster in der bürgerlichen Gesellschaft eingegangen, aber das ist nur eine Seite seiner mit Scharfsinn und Witz geführten Abrechnung mit dieser Ordnung. Besonders ausführlich und aggressiv hat er sich auch mit der Familie, der Liebe und der Ehe auseinandergesetzt. Allerdings bemerken wir auch hier, daß Fouriers Ausführungen über diesen Bereich menschlicher Beziehungen gleichfalls in einem direkten Zusammenhang zu den ökonomischen Verhältnissen stehen, weil er — wie Marx und Engels bemerken — »überall nur von der Umänderung der Produktion« ausgeht. (10, 3, S. 501) Das zeigt sich u. a. in seinem Versuch nachzuweisen, daß sich Familienformen und Liebessitten mit den gesellschaftlichen

Charles Fourier: Theorie der vier Bewegungen: »Die Ehe scheint erfunden, um die Lasterhaften zu belohnen; je hinterlistiger ein Mann ist, je mehr er zu verführen weiß, desto leichter fällt es ihm, durch Heirat zu Reichtum und öffentlichem Ansehen zu gelangen. Mit den Frauen verhält es sich ebenso.« (4, S. 167)

Charles Fourier: »In dem Kreis der sogenannten feinen Leute, der guten Gesellschaft, sagen die Frauen, daß sie keusch, und die Männer, daß sie treu seien, während beide sehr wohl wissen, daß dies nur eine vereinbarte Sprache ist, von der niemand eine Silbe für wahr hält.« (16, S. 335)

Charles Fourier: Theorie der vier Bewegungen: »Der soziale Fortschritt und der Übergang von einer Periode zur anderen erfolgt auf Grund der Fortschritte in der Befreiung der Frau, und der Niedergang der Gesellschaftsordnung wird durch die Abnahme der Freiheit für die Frau bewirkt.« ». . . die Erweiterung der Privilegien der Frauen ist die allgemeine Grundlage allen sozialen Fortschritts.« (4, S. 190)

Charles Fourier: Theorie der vier Bewegungen: »Ist es nicht allgemein bekannt, daß unter acht Frauen, die frei, ohne Gatten, regiert haben, sieben ruhmvoll geherrscht haben, während man unter acht Königen meist sieben schwache Herrscher findet?« (4, S. 207)

Verhältnissen änderten, wofür er verschiedene Beispiele anführte, und gleichfalls darin, daß er die bürgerliche Ehe auch deswegen kritisierte, »weil sie die ökonomische Zelle der zersplitterten Produktionsweise bildet, wodurch sich das egoistische Familieninteresse dem gesellschaftlichen Interesse feindlich entgegenstellt«. (15, S. 138)

Er griff nicht nur die Auswirkungen finanzieller Überlegungen bei der Eheschließung an, die in den meisten Fällen der wirklichen Liebe keine Chance geben, sondern machte zugleich darauf aufmerksam, daß die bürgerliche Ehe im Grunde genommen asozial ist, weil ihr eigentliches Wesen der Egoismus sei. Am Beispiel der bürgerlichen Ehe entlarvte er darüber hinaus die doppelte Moral dieser Gesellschaft.

Kühn, ja geradezu revolutionär ist das zu nennen, was uns Fourier über die Stellung der Frau in der Gesellschaft zu sagen hat. Er steht damit in seiner Zeit unzweifelhaft ohne Vergleich. Organisch eingebettet in seine Geschichtsphilosophie, verwies er darauf, daß die sozialen Fortschritte und gesellschaftlichen Veränderungen mit der fortschreitenden Emanzipation der Frau einhergehen, und leitete daraus die von den Klassikern des Marxismus besonders akzentuierte Schlußfolgerung ab, daß der Grad der weiblichen Emanzipation das Maß der allgemeinen Emanzipation darstelle. Deshalb forderte er mit Nachdruck die gleichberechtigte Einbeziehung der Frauen in den Produktionsprozeß und in das gesellschaftliche Leben überhaupt. Fouriers Bemerkungen über die Stellung der Frauen in der Gesellschaft gehen davon aus, daß es keinerlei objektive Gründe gebe, die Rolle der Frau derart zu unterschätzen und herabzuwürdigen, wie das in der bürgerlichen Gesellschaft geschehe. Ließe man sie auf die Höhe ihrer Bestimmung und ihrer Fähigkeiten aufsteigen, so würde sich alsbald zeigen, daß sie »die Männer an Arbeitseifer, an Ehrenhaftigkeit und Edelmut übertreffen«. (4, S. 206) Wie die Geschichte überzeugend beweise, seien die Frauen nicht weniger als die Männer für Politik, Wissenschaft und Kunst geeignet. Er verwies auf Elisabeth von England und Katharina von Rußland und rühmte die Standhaftigkeit Maria Theresias, die durch ihr entschlossenes Auftreten selbst ihre Feinde dazu gebracht habe, »sich ihr bis in den Tod zu weihen«.

Fouriers Beispiele über die Leistungen, die Frauen auf den Thronen zu vollbringen imstande sind, führen uns auf weitere

Gebiete kritischer Betrachtungen, auf das der Politik, des Staates und des Rechts sowie der Religion.

Wie die meisten seiner Zeitgenossen aus dem Lager der Aufklärung und wie die Masse des französischen Volkes hatte sich auch Fourier viel von der Französischen Revolution versprochen, und in der Tat »schien es so, als würde sich der große Volkskörper von allem fressenden Aussatz befreien«, folglich von »Thron, Priesterherrschaft, Feudalität und Spekulantentum«, und es hätte zunächst durchaus den Anschein gehabt, »die Menschheit näherte sich ihrer Befreiung«. Doch in dieser hoffnungsvollen Zeit hatten gerade die Führer versagt, denn deren Politik »verstand es nicht, eine der Zivilisation überlegene Ordnung zu finden«. (15, S. 116) Allerdings ist seine Kritik hier wesentlich leiser und zurückhaltender, wenngleich auch nicht weniger grundsätzlich.

Charles Fourier: »Die Zivilisation, indem sie den Menschen der sieben Rechte des Wilden beraubt, gewährt ihm keinerlei entsprechende Äquivalente. Fragt einmal einen unglücklichen Arbeiter der Zivilisation, der keine Arbeit und kein Brot hat, vom Gläubiger und Exekutor bedrängt wird, ob er nicht lieber wie der Wilde das Recht der Jagd und des Fischfangs, des Früchtesammelns und der freien Weide seinem Zustand vorziehe, und er wird keinen Augenblick zögern, sich für den Wilden zu entscheiden. Was gibt ihm die Zivilisation für seinen Verlust? Das Glück, unter der Verfassung zu leben. Dem Hungernden ist nicht damit gedient, daß er, anstatt eine gute Mahlzeit zu genießen, die Verfassung lesen kann; es heißt den Notleidenden in seinem Elend beleidigen, wenn man ihm eine solche Entschädigung bietet.« (17, S. 72)

Nicht, weil Fourier ein apolitischer Denker war oder weil er Angst hätte, den Regierenden unangenehme Wahrheiten zu sagen, nehmen politische Fragen bei ihm einen vergleichsweise geringen Raum ein, sondern weil er sah, »daß die ökonomischen Tatsachen stärker sind als alle Politik und nicht die Politik die Ökonomie, sondern die Ökonomie die Politik beherrscht; und mißtraut ihr um so mehr, als die Politik stets taub für die Klagen der Armen und blind für die drohenden Revolutionen war«. (15, S. 142) Fourier verwies darauf, daß die allgemeinen Mißstände einer Gesellschaft, die den »Müßiggängern« den Reichtum verschafft, die große Masse des Volkes aber zu Armut oder »undankbarer Arbeit« verurteile, einen Zwangsapparat erfordern, um diese Zustände aufrechtzuerhalten. Die »Zivilisation« sei durch eine Unterdrückungspolitik gekennzeichnet, die sich u. a. darin ausdrücke, daß die Herrschenden eine »kleine Zahl bezahlter Sklaven« bewaffnen, damit sie notfalls mit Waffengewalt die bestehende Ordnung gegen den Willen der Mehrheit erhalten.

Eine solche Denk- und Herangehensweise beweist Fouriers außerordentlich ausgeprägtes dialektisches Verständnis, das sich vielfach mit materialistischen Einsichten paart. Unser Beispiel über seine Sicht des Verhältnisses von Ökonomie und Politik macht deutlich, daß er immer dann zu glänzenden Erkenntnissen gelangte, wenn er es verstand, neben seiner dialektischen Sicht der Dinge und Erscheinungen, die durchgängig sein Denken charakterisierte, auch zu materialistischen Positionen zu finden.

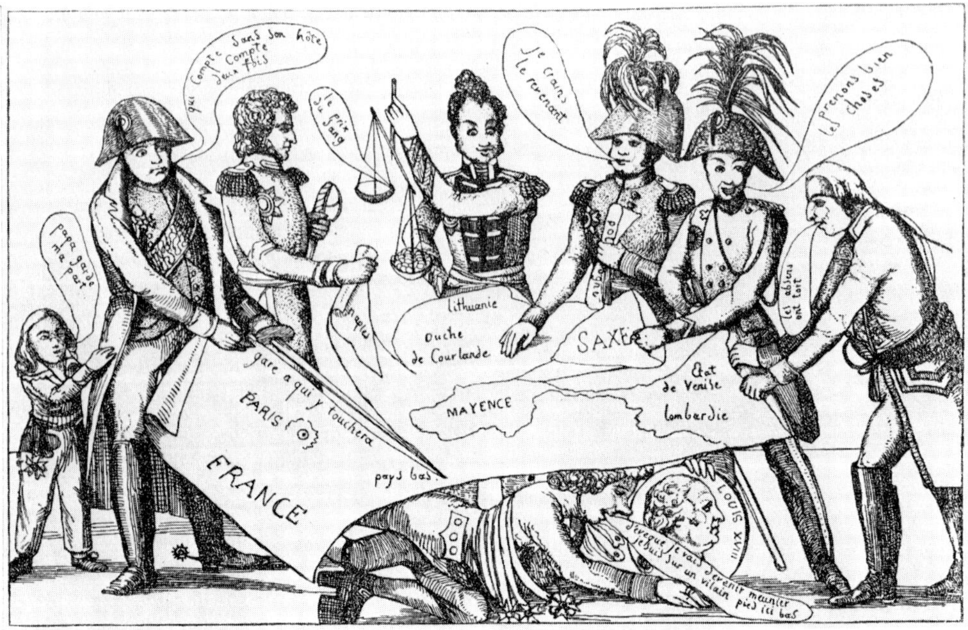

Karikatur auf den Wiener Kongreß in einem zeitgenössischen Flugblatt (vgl. die Marginalie auf S. 48)

Fouriers Haltung zur Religion war weit widersprüchlicher als die zwar relativ wenigen, aber doch recht eindeutigen Aussagen zur Politik. Er war trotz der mannigfaltigen materialistischen Ansätze, die sein gesamtes Werk kennzeichnen, kein Atheist, denn das Wirken Gottes, wenngleich es auf die Funktion des ersten Bewegers beschränkt und mathematischen Gesetzen unterworfen ist, blieb anerkannt; ebenso benutzte er die Evangelien zur Stützung seiner sozialen Auffassungen, namentlich in seinem 1829 erschienenen Werk »Die Neue industrielle und sozietäre Welt«. Er folgte damit Saint-Simon, der schon ein Jahr früher im »Neuen Christentum« diesen Weg beschritten hatte. Beide trugen allerdings damit nur dem Umstand Rechnung, daß die in Frankreich und ganz Europa einsetzende und sich ausbreitende Restaurationsphase zu einem unübersehbaren Aufschwung des religiösen Bewußtseins geführt hatte und damit zu einem ernst zu nehmenden politischen Faktor geworden war.

Fourier erklärte die Religion historisch und ordnete den einzelnen geschichtlichen Epochen jeweils eine für sie charakteristische Form religiöser Vorstellungen zu, der Wildheit z. B. die Götzenanbetung und der Zivilisation die religiöse Intoleranz, während der »Garantismus«, also die der »Zivilisation« folgende Ordnung, durch Toleranz auf religiösem Gebiet gekennzeichnet sein soll. Später dann wird die Religion Sinn und Berechtigung verlieren. Er anerkannte die Berechtigung der Religion in den früheren Epochen der Menschheit als Trost für die Armen und verwies darauf, daß die Evangelien eine Fülle von Beispielen bereithalten, die auf die Pflicht verweisen, dem Volk ein Minimum an Lebensnotwendigem zu garantieren, und die Rechtfertigung dafür liefern, daß dort, wo ihnen dies vorenthalten wird, die Bedürftigen sich das nehmen, was sie zum Leben brauchen.

Verlassen wir nunmehr das Gebiet Fourierscher Kritik, jene Seite, in der Fourier »bis jetzt einzig« ist, wie Engels treffend bemerkte, und schauen uns an, welche alternativen Vorschläge er anbietet.

Sozialreform

Fourier hatte also den Kapitalismus als eine »verkehrte Welt« erkannt, und nichts liegt näher, als daß er über dessen Darstellung und Kritik hinaus zugleich den Versuch unternahm, diese »verkehrte Welt« wieder ins rechte Gleis zu rükken. In der Tat beschränkte er sich nicht auf die Kritik, sondern konstruierte mit Gewissenhaftigkeit einen Gegenentwurf, das Bild einer Ordnung, die er als »universelle Harmonie« kennzeichnete. Nun könnten wir es uns freilich einfach machen und sagen, diese neue Gesellschaftsordnung ist letztlich nichts anderes als das genaue Gegenteil von dem, was Fourier an der alten zu kritisieren hatte. Mit einer solchen Behauptung würden wir nicht einmal die Wahrheit verfehlen, weil sich in der Tat sein Bild von der künftigen Ordnung aus den Mängeln der »Zivilisation« ergibt und die Alternative dazu darstellt.

Wir wollen dennoch auf seine Vorstellungen von der künftigen Gesellschaft, zumindest in großen Umrissen, eingehen und zeigen, daß es ihm in genialer Weise gelungen ist, dabei auf einige tatsächliche Gesetzmäßigkeiten des Sozialismus aufmerksam zu machen. Insofern erscheint es durchaus interessant und nützlich, Fouriers Lehre aus der Sicht des weiteren sozialistischen Aufbaus einmal einer tiefergehenden Analyse zu unterziehen.

An dieser Stelle kann das verständlicherweise nicht geschehen, wir müssen uns hier mit Hinweisen auf einige aufschlußreiche Gedanken Fouriers begnügen, zu denen etwa die über die Organisation der Arbeit und über den Wettbewerb gehören. Bemerkenswert sind auch seine Ausführungen über die Verwandlung der Arbeit in ein natürliches Lebensbedürfnis der Menschen und über die Abschaffung des Gegensatzes von körperlicher und geistiger Arbeit sowie das, was er hinsichtlich der Überwindung der Unterschiede von Stadt und Land durch die Beseitigung des Widerspruchs zwischen den handwerklichen und landwirtschaftlichen Tätigkeiten in der »Assoziation« ausführte.

Marx und Engels haben diese und andere Ideen Fouriers bei der Ausarbeitung ihrer eigenen Theorie bereitwillig aufgegriffen und weiterentwickelt. Namentlich in Karl Marx' »Das Kapital«, aber nicht nur dort, finden sich eine Reihe von Textstellen, in denen er sich ausdrücklich auf Fourier bezieht und dessen fruchtbare Gedanken zur Grundlage eigener weiterführender Überlegungen nimmt. So verweist er beispielsweise — Fouriers Gedanken von der in der künftigen Gesellschaft sich vollziehenden Verbesserung der Beziehungen zwischen gewerblicher und landwirtschaftlicher Arbeit aufgreifend — darauf, daß die große Industrie auch die »materiellen Voraussetzungen einer neuen, höheren Synthese, des Vereins von Agrikultur und Industrie, auf Grundlage ihrer gegensätzlichen ausgearbeiteten Gestalten« schaffe. (10, 23, S. 528)

An anderer Stelle macht Marx — ebenfalls in Anknüpfung an Fourier — darauf aufmerksam, daß die große Industrie durch ihren Raubbau am Arbeiter und am Boden die »Springquellen allen Reichtums« selbst untergrabe, und beruft sich bei der Feststellung, daß ein »bedeutender Teil des Bodens stets der Kultur entzogen bleibt«, ausdrücklich auf Fourier. (10, 25, S. 765 und 10, 23, S. 509) Bekanntlich hatte dieser in seinem »Briefwechsel mit der Saint-simonistischen Gesellschaft vom 21./22. Mai 1829« die seiner Meinung nach neun offensichtlichsten Mißstände der kapitalistischen Welt oder — wie er es nennt — der »im Industriemechanismus verkörperten verkehrten Welt« aufgezeigt und — »in materieller Hinsicht« — auf »die Vernichtung der Wälder und der Quellen, die Freilegung der Abhänge und die Verschlechterung des Klimas durch den Fortschritt unseres zersplitterten Anbaus« verwiesen. Sein Fazit: »Hier ist eine selbstzerstörerische Industrie am Werk.« (3, S. 42)

Fourier äußerte wiederholt seine Überzeugung, daß in der

François-Marie-Charles Fourier. Radierung von K. Kollwitz

künftigen Gesellschaft dem Raubbau an der Natur nicht nur ein Ende gesetzt, sondern Sorge dafür getragen wird, daß auch die Interessen zukünftiger Generationen berücksichtigt und gewahrt werden. »Selbst heute, da man sich rühmt, vernünftig zu sein, will man gewisse Arbeiten, wie das Aufforsten der Wälder, nicht ausführen, in deren Genuß erst die nächste Generation käme«, klagt er die kapitalistischen Praktiken an und fragt: »Wie hätten da unsere Vorväter, die unverständiger waren als wir, Arbeiten verrichten sollen, die erst in tausend Jahren Früchte tragen?« (4, S. 149)

August Bebel verweist in seiner Schrift über Fourier auf ein Beispiel, wie durch den Gewinnanreiz in der »assoziierten« Gesellschaft den Schutz der Umwelt fördernde Maßnahmen bewertet werden. Es handelt sich dabei um die Notwendigkeit einer Erfindung, die er als Mittel zur Verhinderung von Rauch bei Verbrennungsvorgängen (moyen préservatif de la fumée) bezeichnet. Ganz nebenbei gesagt, ein heute höchst aktuelles Thema. Fourier dazu: »Hier handelt es sich um Gewinn und Ruhm. Wer das Mittel entdeckt, empfängt von der Phalanx fünf Franken« (vergleichsweise sollten für die Komposition einer Symphonie lediglich zwei Sous Belohnung gewährt werden, wobei zu bedenken ist, daß Fourier der Kunst und Kultur stets große Hochachtung entgegenbrachte und deren Leistungen auch in der bürgerlichen Gesellschaft von jeglicher Kritik ausnahm), »da aber eine Million Phalangen auf dem Erdboden bei dieser Erfindung interessiert sind, so erhält er fünf Millionen Franken und empfängt außerdem als Erfinder das Diplom als einer der Magnaten des Erdballs, wodurch er auf der ganzen Erde die diesem zugebilligten Ehrenbezeugungen empfängt«. (17, S. 92 f.)

Mit diesem bezeichnenden Beispiel sind wir nun schon mitten in der von Fourier erdachten und beschriebenen neuen Welt. Zu deren besserem Verständnis wird es allerdings notwendig sein, zunächst noch einmal auf einige grundlegende Momente Fourierscher Überlegungen zurückzukommen, die seine Zukunftsprojekte erst verständlich machen.

Erstens ist zu berücksichtigen, daß sich Fouriers Erwartungen an die neue Gesellschaft vornehmlich auf zwei Aspekte

Zeitgenössische Darstellung der Armenfürsorge. In Klosterküchen erhalten Hungernde ein kärgliches Mahl.

konzentrierten, nämlich auf die Schaffung solcher materieller Grundlagen, die sowohl die Beseitigung des Elends und der Not garantieren und darüber hinaus den allgemeinen Wohlstand sichern und beständig erhöhen. Das soll in erster Linie durch eine außerordentliche Steigerung der Produktion geschehen. Zum anderen erwartete er die vollständige Befreiung des Menschen aus dem Gefüge knechtischer Bedingungen, denen er in den alten Gesellschaften, vor allem aber im Kapitalismus, ausgesetzt ist.

Zweitens ging Fourier von der — freilich illusionären — Vorstellung aus, die neue Gesellschaft würde sich auf rein evolutionärem Wege, gewissermaßen ausschließlich durch die Kraft des Beispiels, durchsetzen. Sei erst einmal die Gründung von Phalangen in Gang gekommen, meinte er, dann würden sie bald durch ihre offensichtlichen Vorzüge die Umwelt überzeugen und zum Nacheifern anregen. Grundlage für die Bildung von sog. Phalangen, worunter der Zusammenschluß von etwa 1500 bis 2000 Menschen zu Produktions- und Konsumtionsgemeinschaften zu verstehen ist, ist Fouriers Lehre von den Trieben. »Zu allen Zeiten und an allen Orten wird die Anziehung der Triebe zu den drei Zielen zu kommen suchen: zum Luxus oder zur Befriedigung der fünf Sinne; zu Gruppenbildungen und Serien der Gruppen — Bande der Zuneigung —; zu dem Mechanismus der Triebe, der Charaktere und Instinkte; und durch sie alle drei zur universellen Einheitlichkeit« (17, S. 81), meinte er und leitete daraus die Aufgabe ab, »den freiwillig ineinandergreifenden Mechanismus der Triebe zu schaffen, *ohne einen* zu unterdrücken«. (17, S. 82) Dies geschehe, so folgerte er weiter, wenn jeder einzelne Mensch, indem er seinen eigenen Interessen folge, damit gleichzeitig auch dem allgemeinen Interesse diene. »Die Kunst zu assoziieren besteht darin, eine Phalanx von Serien der Triebe in voller Übereinstimmung zu bilden und entwikkeln zu können, die vollkommen frei nur durch Anziehung bewegt sein sollen und angewendet werden auf die sieben bereits erwähnten industriellen Funktionen: Hauswirtschaft, Ackerbau, Industrie, Handel und Verkehr, Unterricht, Wissenschaft, schöne Künste . . .

Anmerkung: »Hierbei ist zu unterscheiden: Erstens die Unterteilung der Serie in Gruppen für die verschiedenen Varietäten eines Produkts, wobei die Serie kompakt sein, d. h. möglichst lückenlos alle Varietäten durch spezielle Gruppen erfassen soll . . . Zweitens die Aufteilung der einzelnen Arbeitsvorrichtungen, die das Produkt einer Gruppe von der Arbeitsvorbereitung bis zur Endfertigung erfordert, auf ein Dutzend kleiner Untergruppen.« (17, S. 308)

Eine Serie der Triebe ist eine Verbindung verschiedener in auf- und absteigender Stufenfolge verbundener Gruppen, die vereinigt sind durch Übereinstimmung des Geschmacks für irgendeine Tätigkeit . . . und in welcher für jeden Zweig der

Arbeit hierbei eine spezielle Gruppe sich bildet ... Jede Gruppe bildet sich aus Gliedern der Serie, die für eine bestimmte Art inklinieren.« (17, S. 82/83)

Fourier hat in diesem Zusammenhang umfangreiche Berechnungen angestellt; so ermittelte er für die optimale Zusammensetzung einer Phalange die Zahl von 1800 Personen und mindestens 45 bis 50 verschiedenen Serien, um die nötige Abwechslung und Ausgleichung zu garantieren. Als Optimum sah er 200 Serien an. Dabei ging er davon aus, daß jede Serie sowohl aus Gegensätzen wie aus Übereinstimmungen zusammengesetzt sein müsse, und war der festen Überzeugung, daß eine Vereinigung der Serien von Trieben für die soziale Harmonie glänzende Eigenschaften habe, denn sie erzeuge Bewegung, Wahrheit, Gerechtigkeit, direkte und indirekte Übereinstimmung und nicht zuletzt Einheitlichkeit. Das sind entscheidende Ziele, die zu realisieren er anstrebte.

Den heutigen Leser mögen derartige Überlegungen, wie sie Fourier hier im Zusammenhang mit dem Assoziierungsprozeß anstellt, befremden. Wenn wir allerdings berücksichtigen, daß »in der Gedankenwelt Fouriers ... ökonomische, soziale, psychologische, pädagogische und andere Fragen des Zusammenlebens der Menschen miteinander verschmolzen« sind (3, S. XLVII), so wird es uns nicht schwerfallen, hinter den eigenwilligen Ideen und Konstruktionen, die auf den Aufbau der »neuen industriellen und sozietären Welt« Bezug nehmen, bald einen rationalen Kern zu entdecken. Sein Konzept zielte

Darstellung eines Phalanxgebäudes (Phalanstère). Diese Gebäude waren Wohn- und Arbeitsstätten zugleich, geplant für ca. 2000 Personen. Im Zentrum sollten sich u. a. Speise- und Versammlungsräume, Verkaufseinrichtungen, Büros und Bibliotheken befinden. Für die Wohnungen waren die oberen Stockwerke vorgesehen. Die Seitenflügel waren den verschiedenen Werkstätten für handwerkliche Tätigkeiten vorbehalten. Für die landwirtschaftliche und maschinelle Produktion waren gesonderte Gebäude vorgesehen.

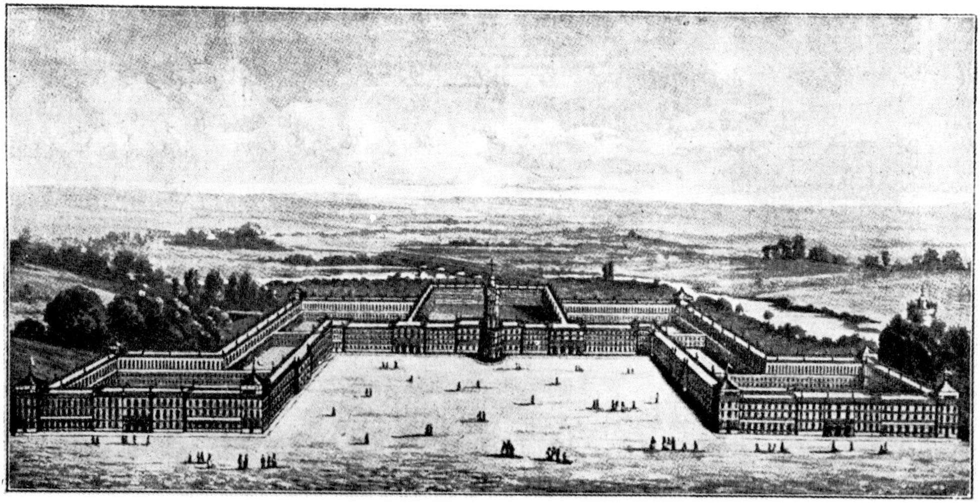

Die Lithographie von J. Arnoux aus dem Jahr 1840 zeigt die Modellvorstellung einer Phalanstère-Anlage, wie sie von Fourier beschrieben wird.

auf die Herstellung einer weitgehenden Interessenharmonie in der neuen Gesellschaft, und mancher Fouriersche Gedanke verdient in diesem Zusammenhang unsere Aufmerksamkeit, etwa wenn wir heute vor der Aufgabe stehen, zunehmend gesellschaftliche und individuelle Interessen in Übereinstimmung zu bringen oder das Verhältnis von Produktion und Bedürfnisbefriedigung auszugestalten.

Es würde gewiß zu weit führen, wenn wir im einzelnen die Überlegungen nachvollzögen, die Fourier dem Aufbau von Phalangen zugrunde legte. Wichtig ist jedoch anzumerken, daß er mit seinem Konzept keineswegs einen Egalitarismus, wie er für eine Vielzahl anderer utopischer Projekte typisch war, anstrebte. Zwar sollte der für die bisherigen Gesellschaftsordnungen typische Gegensatz von Armut und Reichtum beseitigt werden, aber ansonsten war an Gleichheit zunächst wenig gedacht, es sei denn, daß jeder voll seinen Ambitionen leben kann. Fourier propagierte keinen »asketischen Kommunismus«, sein Konzept zielte vielmehr darauf, eine Gesellschaft zu schaffen, in der das natürliche Streben der Menschen nach immer größerem Wohlstand und Glück zum Motor für ein von jedermann erreichbares Ziel wird.

Er will deshalb das Privateigentum nicht abschaffen, Ver-

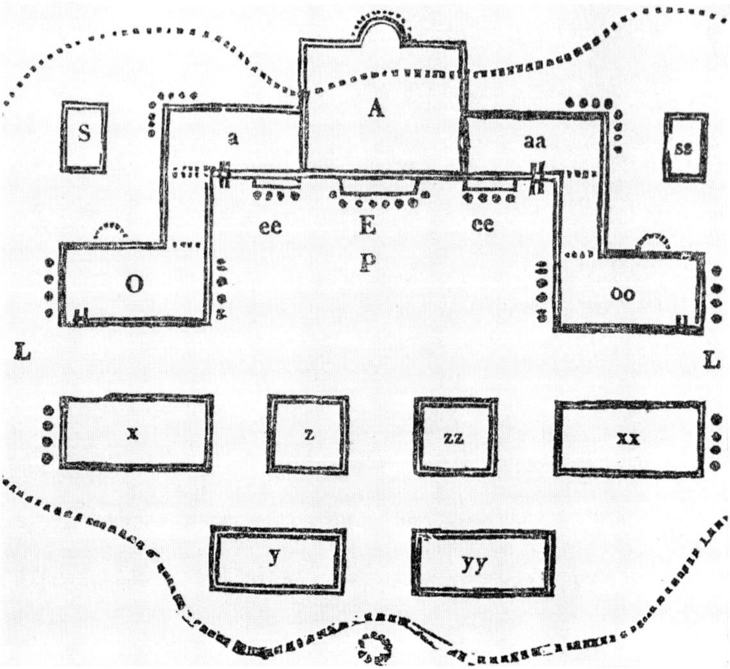

Plan eines Phalanstère nach den Vorstellungen Fouriers (Großmaßstab)

mögensunterschiede sollen durchaus bestehen bleiben. Fourier braucht die Kapitalisten, um sein System überhaupt erst in Gang zu setzen, denn Aktieneinlagen bilden den Gründungsfonds für die Phalangen. Immerhin hatte er die Kosten für die Gründung einer Phalange auf 15 Millionen Franken veranschlagt.

Phalanx (Phalange) – eigentlich altgriechische geschlossene Schlachtordnung; hier Bezeichnung für die Fourierschen Phalanstères (Organisationsform kollektiver Arbeit)

Areopag – nach dem Tagungsort (Areshügel) benannter Rat, der als höchstes Organ des Staates im antiken Athen galt; hier analog oberste Regierungsinstanz

Aber das Kapital dient nun nicht mehr der Ausbeutung, und der Kapitalist hört auf, Kapitalist im herkömmlichen Sinne zu sein. Freilich räumt ihm Fourier in der Leitung der Phalange bestimmte Privilegien ein; er gehört, neben den Chefs aller Serien, den Vertretern der drei ältesten Stämme (den Ehrwürdigen, Verehrten und Patriarchen) sowie den Magnaten und Magnatinnen, als Aktionär zu den Mitgliedern des Aeropags, die aus ihren Reihen die oberste Leitung der Phalanx, die Regentschaft, wählen. Allerdings haben weder Aeropag noch Regentschaft eine größere Bedeutung. Ansonsten aber ist auch der Kapitalist, genau wie der Bettler, in die notwendigen Arbeiten des Gemeinwesens eingeordnet, je nach seinen Fähigkeiten und Ambitionen.

Damit ist bereits auf ein weiteres Moment hingewiesen, das Fouriers künftige Gesellschaft kennzeichnet. Es soll eine Ge-

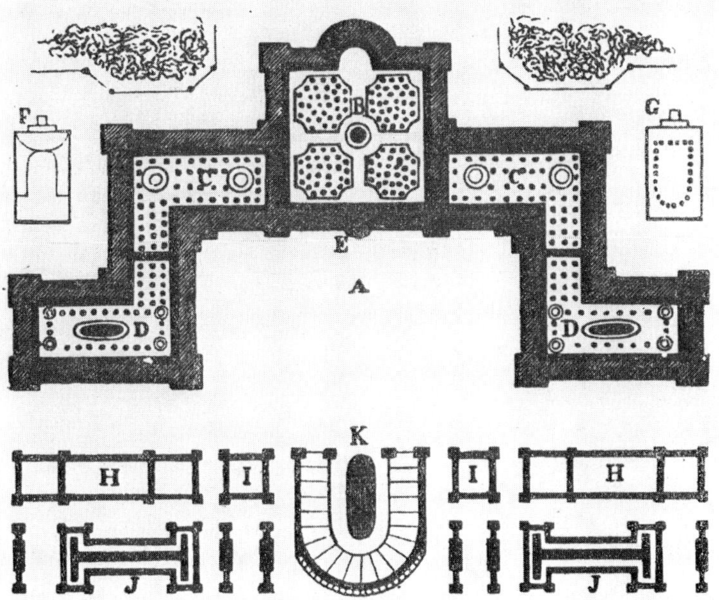

Grundriß einer Phalanstère-Anlage
Die eingezeichneten Buchstaben bedeuten: A – Zentraler Platz; B – Wintergarten; C/D – Innenhöfe mit Bäumen, Wasserspielen etc.; E – Haupteingang, große Treppe, Verwaltungsturm; F – Theater; G – Kirche; H/I – Fabriken, Lager, Speicher etc.; J – Vieh- und Pferdeställe, sonstige landwirtschaftliche Gebäude; K – Wirtschaftshof

sellschaft sein, in der alle, ohne Ausnahme, arbeiten, ein Leben auf Kosten anderer wird es nicht mehr geben. Die Analogie zu Saint-Simons »Genfer Briefen« ist augenfällig. Aktionäre wie einfache Arbeiter werden gleichermaßen in den Produktionsprozeß eingeordnet, sie leisten dort ihre Arbeit, wo und wie es ihren Interessen und Fähigkeiten entspricht. Das »sozietäre Verteilungsprinzip« berücksichtigt zwar den Anteil eingebrachten Kapitals wie auch das Talent, stellt aber dennoch die Arbeit, die für die Gemeinschaft erbrachten Leistungen, an die erste Stelle der Bewertung.

Dadurch, daß jedem ein gewisses Subsistenzminimum garantiert ist, hört die Arbeit auf, Zwang und bloßer Broterwerb zu sein, sie wird statt dessen zum freien Lebensbedürfnis. Gerade Fouriers Auffassungen über den veränderten Charakter der Arbeit im Sozialismus und Kommunismus, sich aus einem Mittel zum Zweck in Selbstzweck zu wandeln, beweisen trotz der »sehr grisettenmäßig naiven« Vorstellungen, die er von der anziehenden Arbeit entwickelt, wie weit er über die bürgerlich-kapitalistische Gesellschaft hinaus in die Zukunft blickt. (Vgl. 10, Gr., S. 505 und 10, 25, S. 828)

Mit seinen Ideen über die Organisation der gesellschaftlichen Arbeit, der er breiten Raum gewidmet hat, wollte er Voraussetzungen schaffen, um die negativen Seiten kapitalistischer Arbeitsteilung zu beseitigen. Sein Vorschlag läuft deshalb darauf hinaus, daß die Menschen des öfteren die Arbeit wechseln, eine bestimmte Art der Tätigkeit soll nicht länger als anderthalb bis höchstens zwei Stunden dauern. Wenn die Phalange voll wirksam ist, verkürzt sich die Dauer der einzelnen Arbeitsphasen weiter, während sich die Zahl der Ruhepausen erhöht und damit die Freizeit größer wird.

Werfen wir einen Blick auf die Art der Tätigkeiten, die in den Produktionsgenossenschaften dominieren, so fällt auf, daß es sich in erster Linie um landwirtschaftliche Arbeiten handelt. Das wiederum hängt wesentlich damit zusammen, daß Fourier — anders als Saint-Simon — die Basis der zukünftigen Gesellschaft nicht in der Industrie sieht, sondern eben in der Landwirtschaft, weil sich die kapitalistische Ordnung, die ja auf der Industrie gründet, durch ihre Praktiken diskreditiert hat. Auch in dieser Haltung kommt die eingangs charakterisierte Alternativposition zum Ausdruck. In »ertragsstarken, ökonomisch wirtschaftenden ländlichen Großbetrieben sah Fourier den Ausweg aus Armut und Bekümmernis und die Verheißung einer der Natur des Menschen gerechten Gesellschaftsordnung«. (3, S. XXXIV) Dennoch werden Industrie und industrielle Tätigkeiten nicht völlig verschwinden, sie nehmen einen angemessenen Platz im Gesamtsystem ein.

Es ist hier nicht der Raum, auf alle Momente des Fourierschen Planes einer neuen gesellschaftlichen Ordnung einzugehen, denn er entwickelte sein Modell universell und detailliert. Besonders in seinem 1829 erschienenen gesellschaftstheoretisch bedeutendsten Werk »Die neue industrielle und sozietäre Welt« gestaltete er zahlreiche Einzelheiten über deren konkrete Ausformung und die Stufen, wie sie erreicht werden soll. Neben den bereits erwähnten Darlegungen gehören dazu auch Gedanken zur Erziehung, zur Gesundheitsfürsorge, zur Sozial- und Arbeitspsychologie sowie zum Städtebau, die allesamt zu Fouriers progressiven Leistungen zählen und weit über seine Zeit hinausreichen.

Robert Owen

DER utopische Sozialismus hatte aber an der Wende des 18. zum 19. Jh. nicht nur in Gestalt Claude-Henri de Saint-Simons und Charles Fouriers auf dem Kontinent festen Fuß gefaßt, auch auf der anderen Seite des Kanals, im britischen Königreich, regten sich um diese Zeit sozialreformerische Bewegungen.

»Während in Frankreich der Orkan der Revolution das Land ausfegte, ging in England eine stillere, aber darum nicht minder gewaltige Umwälzung vor sich. Der Dampf und die neue Werkzeugmaschinerie verwandelten die Manufaktur in die moderne große Industrie und revolutionierten damit die ganze Grundlage der bürgerlichen Gesellschaft. Der schläfrige Entwicklungsgang der Manufakturzeit verwandelte sich in eine wahre Sturm- und Drangperiode der Produktion.« (10, 20, S. 243)

England erwies sich als das in allen Beziehungen erste Land der industriellen Revolution. Nach den politischen Revolutionen des 17. Jahrhunderts, insbesondere der der Jahre 1640 bis 1649, die mit dem Sturz Karls I. und seiner Hinrichtung endete, sowie der Revolution von 1688/89, eroberte die wachsende ökonomische Gewalt der Bourgeoisie die Politik und begann »mit der Konsolidierung der konstitutionellen Monarchie die großartige Entwicklung und Umwälzung der bürgerlichen Gesellschaft in England«. (10, 7, S. 11)

Von der Zeit der ursprünglichen Akkumulation her hatten sich in den Händen der Bourgeoisie bedeutende Reichtümer angehäuft; bei der Gründung der Staatsbank in England am Ende des 17. Jh. stützte sich die Regierung auf die Großkapitalisten, die das Grundkapital der Staatsbank als Anleihe zur Verfügung stellten und so bedeutenden Einfluß auf die Politik erwarben. (12, S. 39)

Zum anderen waren in der 2. Hälfte des 18. Jh. gewaltige Veränderungen in der Entwicklung der Produktivkräfte vor sich gegangen. Dazu gehörten die Konstruktion der ersten

Robert Owen. Porträtzeichnung

»Und wenn schon hierin der Anfang des Fabriksystems lag, so erhielt dies durch die Spinning-Throstle, die Richard Arkwright, ein Barbier aus Preston in Nord-Lancashire, 1767 erfand, eine neue Ausdehnung. Diese Maschine . . . ist neben der Dampfmaschine die wichtigste mechanische Erfindung des achtzehnten Jahrhunderts.« (10, 2, S. 241)

Spinnmaschine durch den Blackburner Weber James Hargreaves, in der Folge die Erfindung des mechanischen Webstuhls durch Cartwright sowie die Verbesserung und Neuentwicklung von Textilmaschinen durch Richard Arkwright und Samuel Crompton. Nicht zuletzt gehört hierher auch die Entwicklung der Dampfmaschine durch James Watt, die seit den achtziger Jahren vielfältige Anwendung in der Industrie fand.

Die führende Position nimmt zu Beginn der industriellen Revolution unzweifelhaft die Baumwollindustrie ein.

Auch auf zahlreichen anderen Gebieten der Industrie und Wirtschaft vollzog sich ein bemerkenswerter Aufschwung. Während um das Jahr 1780 in England noch weniger Eisen produziert wurde als in Frankreich, so war 70 Jahre später festzustellen, daß allein die englische Industrie mehr davon erzeugte als alle übrigen Länder zusammen. Daneben konstatieren wir weitere Verbesserungen und Neuerungen im Verkehrswesen. Neue Straßen entstehen, Flüsse werden schiffbar gemacht und Kanäle angelegt, die Eisenbahn erschließt neue Dimensionen.

Unübersehbar ist das Wachstum der Fabrikstädte, die das Zentrum der industriellen Revolution bildeten.

Dieser bislang beispiellose ökonomische Aufschwung, der sich auf der britischen Insel vollzog, war zwar in dieser Hinsicht allgemein, er hatte jedoch auch seine Schattenseiten, wie kapitalistischer Fortschritt sich bis auf den heutigen Tag stets auf Kosten der werktätigen Massen durchsetzt.

F. Engels: Anti-Dühring: »Zusammendrängung einer heimatlosen Bevölkerung in den schlechtesten Wohnstätten großer Städte – Lösung aller hergebrachten Bande des Herkommens, der patriarchalischen Unterordnung, der Familie – Überarbeit besonders der Weiber und Kinder in schreckenerregendes Maß – massenhafte Demoralisation der plötzlich in ganz neue Verhältnisse geworfnen arbeitenden Klasse.« (10, 20, S. 243)

Friedrich Engels, der ja die englischen Verhältnisse selbst bestens kannte, hat in seiner Schrift »Die Lage der arbeitenden Klasse in England« diese Schattenseiten sehr drastisch beschrieben. Und später, im »Anti-Dühring«, konstatiert er: »Noch war die neue Produktionsweise erst im Anfang ihres aufsteigenden Asts; noch war sie die normale, die unter den Umständen einzig mögliche Produktionsweise. Aber schon damals erzeugte sie schreiende soziale Mißstände ... Da trat ein neunundzwanzigjähriger Fabrikant als Reformator auf, ein Mann von bis zur Erhabenheit kindlicher Einfachheit des Charakters und zugleich ein geborener Lenker von Menschen wie wenige. Robert Owen ...« (10, 20, S. 243)

Robert Owen wurde am 14. Mai 1771 in Newtown geboren. Sein Geburtsort, in Montgomeryshire (Nordwales) gelegen, war »ein kleiner Marktflecken mit nicht mehr als 1000 Einwohnern; mehr Dorf als Stadt, sauber, anmutig, schön gele-

Nachempfundenes Modell der Spinn-Jenny, die der Weber James Hargreaves 1764 entwickelte und mit der gegenüber dem herkömmlichen Spinnrad bis zu achtzehn Spindeln von einem Arbeiter gleichzeitig bewegt werden konnten

gen, mit den herkömmlichen Gewerben, jedoch, ein paar Flanellstühle ausgenommen, ohne Fabrikation«. (8, 13)

Hier war sein Vater als Sattler, Eisenhändler und Postmeister tätig und stand der Gemeindeverwaltung vor. Da der junge Robert ein aufgeweckter Bursche war, schickte ihn der Vater mit noch nicht einmal fünf Jahren bereits in die Schule, was dem Sohn offensichtlich keine Schwierigkeiten bereitete. Intelligenz, Fleiß und Zuverlässigkeit zeichneten ihn ebenso aus wie ein ausgeprägtes Gerechtigkeitsempfinden und praktischer Sinn. Er selbst berichtet in seiner Autobiographie:

»In den Schulen der damaligen Kleinstädte galt es als gute Ausbildung, wenn man fließend lesen konnte, eine lesbare Handschrift schrieb und die ersten vier Regeln der Rechenkunst verstand. Darin erschöpfte sich auch die Qualifikation unseres Lehrers, und nachdem ich mit sieben Jahren diese bescheidenen Wissenselemente erworben hatte, bat er meinen Vater, mich zu seinem ›Unterlehrer‹ zu machen.« (8, 33) Weil er sich aber selbst durch diese Tätigkeit als Hilfslehrer nicht ausgelastet fühlte, half er hier und da den Nachbarn in ihren Geschäften. Daneben las er gern und viel. »Unter den von mir gewählten Büchern«, erinnerte er sich, »waren Robinson Crusoe, das verlorene Paradies, Richardsons und andere bekannte Romane. Ferner las ich Cook's und aller Weltumsegler Reisebeschreibungen, Weltgeschichten und alle Biographien von Philosophen und berühmten Männern, deren ich habhaft werden konnte.« (8, 33)

»Das verlorene Paradies« – bekanntes Versepos des englischen Dichters John Milton (1608–1674), der außerdem »Das wiedergewonnene Paradies« und »Simson der Kämpfer« verfaßte, in denen der Kampf des Volkes gegen die Tyrannei dargestellt wird

Richardsons Romane – Samuel Richardson (1689–1761) wirkte mit seinen Briefromanen »Pamela oder die belohnte Tugend« und »Die Geschichte der Clarissa« stark auf die Entwicklung des englischen Romans und auch auf die deutsche Literatur.

Selbstverständlich spielte auch Literatur religiösen Charakters eine nicht unbedeutende Rolle. Dadurch erlangte er nähere Kenntnis von den religiösen Auseinandersetzungen innerhalb der christlichen Konfessionen und auch von den Streitigkeiten zwischen den verschiedenen Religionen. Bereits damals, im Alter von zehn Jahren, regten sich in ihm Zweifel an der Wahrheit all der unterschiedlichen Religionen, und er meinte, es müßte in allen von ihnen etwas Falsches sein. Auch während der folgenden Lehrjahre ließ ihn diese Frage nicht los.

Robert Owen stand bereits sehr zeitig auf eigenen Füßen. Mit zehn Jahren verließ er das väterliche Haus und begann in Stamfort eine dreijährige kaufmännische Lehre. Nachdem er ein weiteres Jahr bei seinem Meister gearbeitet hatte, trat er in London in ein großes Kaufhaus ein. Kamen in das Stamforter Geschäft vorwiegend begüterte Kunden, so bildeten hier in London vornehmlich Arbeiter das Gros der Kundschaft des mitten in einem Arbeiterviertel gelegenen Kaufhauses.

Auch die Arbeitsbedingungen unterschieden sich deutlich. Hatte er in Stamfort immer noch genügend Zeit gefunden, nach Feierabend seine Literaturstudien fortzusetzen — er las u. a. Seneca und andere antike Autoren —, so blieb dafür in London keine Zeit mehr. Der Dienst begann um acht Uhr früh und dauerte häufig bis dreiundzwanzig Uhr. Es kann deshalb nicht verwundern, daß er diese Stelle nach einem Jahr aufgab und nach Manchester ging, wo er wiederum zunächst als Verkäufer, dann in einer leitenden Stellung des Handelshauses tätig war.

Es sollte sich bald zeigen, daß diese Jahre in Manchester, jener rasch aufstrebenden Stadt, die sich schnell zum Mittelpunkt der britischen Baumwollindustrie entwickelte, die weitere berufliche und weltanschauliche Entwicklung des jungen Owen maßgeblich beeinflußten. Hier in Manchester machte er die Bekanntschaft des erfindungsreichen Mechanikers Jones, mit dem gemeinsam er eine Fabrik für Spinnmaschinen gründete und die kaufmännische Leitung dieses 40-Mann-Unternehmens übernahm. Damals war er 18 Jahre alt.

Bald errichtete er eine eigene Baumwollspinnerei und bewarb sich kurze Zeit später um die freigewordene Stelle eines

Baumwollfabriken in Manchester. Stahlstich von Mc Galey nach einer zeitgenössischen Vorlage von J. Harwood

Geschäftsführers der größten und modernsten englischen Baumwollspinnerei in Manchester. Nachdem sich der Inhaber gebührend über Owens Fähigkeiten informiert hatte, übertrug er ihm trotz seiner Jugend die kaufmännische und technische Leitung des Betriebes, der immerhin 500 Arbeiter beschäftigte. Dank seiner Fähigkeiten und Fertigkeiten, insbesondere auch seines Geschicks im Umgang mit den Arbeitern, gelang es ihm, die Firma innerhalb eines halben Jahres zum führenden Unternehmen in Manchester zu machen. Sowohl durch technische Verbesserungen wie auch durch zahlreiche soziale Maßnahmen steigerte er die Leistungsfähigkeit der Fabrik bedeutend, und obwohl hier den Arbeitern höhere Löhne als anderswo gezahlt wurden, waren die erzielten Gewinne beachtlich. Später gründete er die »Chorlton Twist Company« und galt bald als der anerkannt führende Spinnereifachmann auf der britischen Insel. Doch nicht nur in beruflicher Hinsicht stellten die Jahre in Manchester die Weichen, sie waren für ihn zugleich eine Zeit, in der er bedeutende geistige Anregungen empfing, die sein Weltbild maßgeblich prägten.

Dalton, John (1766 bis 1844) – namhafter englischer Chemiker und Physiker; er gilt als Begründer der wissenschaftlichen Atomtheorie und entdeckte mehrere nach ihm benannte Gesetze.

Hier machte er die Bekanntschaft Robert Fultons, des Erfinders des Dampfschiffs, den er bei Kanalbauprojekten finanziell unterstützte. Im Hause des bekannten Chemikers John Dalton saß er mit Freunden viele Abende zusammen, um sowohl »über Religion, Moral und ähnliche Fragen« zu diskutieren »wie über die letzten Entdeckungen in Chemie und Physik«. Er berichtete davon, daß hier Dalton zuerst seine Atomtheorie »ausgeheckt« habe und daß auch er selbst der Chemie »einige Aufmerksamkeit« widmete. (18, S. 41 u. 37)

Eben in dieser Zeit gründete sein besonderes Interesse für Naturwissenschaften und Technik, das er sich bis ins hohe Alter bewahrte.

Neben den ersprießlichen Diskussionen im Kreis um Dalton war auch die Mitarbeit in der 1781 gegründeten »Manchester Literary and Philosophical Society« für Owen eine wertvolle Quelle, sein eigenes Wissen zu erweitern, und geeigneter Ort, die von ihm gewonnenen Einsichten darzustellen. Gründer und Präsident der Gesellschaft, der in erster Linie Mediziner und Naturwissenschaftler angehörten, war der Arzt Thomas Percival, »ein Sozialreformer ganz modernen Stils, der Schöpfer der Manchester Gesundheitsbehörde, der früheste Bekämpfer der Fabrikübel«. (18, S. 42) Robert Owen war dieser

Robert Fulton (1765 bis 1815). Der amerikanische Ingenieur baute 1807 das erste funktionstüchtige Dampfschiff, das unter dem Namen »Clermont« in Dienst gestellt wurde.

Gesellschaft im Jahre 1793 beigetreten, nachdem er an einem Diskussionsabend über Baumwolle teilgenommen hatte. Mit dem Aufsatz »Bemerkungen über die Hebung des Baumwollgewerbes« gab der zweiundzwanzigjährige Owen dort seinen Einstand.

In der Folgezeit entstanden noch drei weitere Beiträge, die bereits sehr deutlich zeigen, auf welchen philosophisch-weltanschaulichen Positionen Owen stand. Ebenfalls im Jahre 1793 äußerte er sich »Über den Nutzen des Wissens«, zwei Jahre später verfaßte er »Gedanken über die Beziehung zwischen allgemeinem Glück und praktischer Mechanik« und schließlich 1799 noch den Aufsatz »Der Ursprung der Meinungen mit einem Hinblick auf die Verbesserung sozialer Tugenden«. Unübersehbar sind der Einfluß der Mechanik und der immer größere Bedeutung gewinnenden Chemie auf das philosophische Denken Owens. Bezeichnend ist in diesem Zusammenhang auch, daß seine Freunde ihm den Spitznamen »reasonning machine« (denkende Maschine) gaben. In der »Manchester Literary and Philosophical Society« nannte man

Francis Bacon (1561 bis 1626). Nach einer Radierung von Passo. Englischer Philosoph, Jurist und Politiker. B. brach in seiner Philosophie radikal mit der bis dahin bestimmenden scholastischen Lehre und forderte demgegenüber eine Erneuerung der Wissenschaften. Er erklärte, daß die »moderne experimentierende Wissenschaft« die Beherrschung der Natur durch den Menschen zum Ziel haben müsse.

ihn scherzhaft »den Philosophen, der beabsichtigt Menschen mittels der Chemie zu machen«. (18, S. 43)

Mögen dergleichen Bezeichnungen durchaus spaßig gemeint sein, so machen sie doch auf den Umstand aufmerksam, daß Owen bereits in Manchester auf materialistischen Positionen stand, die allerdings — der Zeit entsprechend — mechanistisch-naturwissenschaftlich geprägt waren.

Sensualismus – eine das sinnliche Moment der Erkenntnis verabsolutierende philosophisch-erkenntnistheoretische Richtung, bei der alle Resultate des Denkens in Sinneswahrnehmungen aufgelöst werden. Der S. ist eine besondere Form des Empirismus.

Der Materialismus hatte in England eine lange Tradition und reichte zurück bis zu Bacon, den Marx einmal als Stammvater des Materialismus bezeichnete. (10, 2, S. 135) Jetzt, zum Ausgang des 18. und Beginn des 19. Jh. wirkte auf der Insel auch stark der Einfluß des französischen philosophischen Materialismus. Eine besondere Nähe weisen die Auffassungen Owens zu denen des französischen Aufklärers und Materialisten Helvétius auf, der — von John Locke ausgehend — den materialistischen Sensualismus des 18. Jh. »sogleich in bezug auf das gesellschaftliche Leben« faßt. (10, 2, S. 137) Aber auch Ideen Montesquieus, Rosseaus und Morellys wurden von ihm

Godwin, William (1756–1836) – englischer Sozialtheoretiker, Publizist und Schriftsteller, Zeitgenosse Owens; Hauptwerke: »Untersuchung die politische Gerechtigkeit betreffend« und der Roman »Caleb Williams oder Die Dinge wie sie sind«

Bentham, Jeremy (1748–1832) – englischer bürgerlicher Sozialwissenschaftler, Theoretiker der Nützlichkeitsphilosophie (Utilitarismus)

Milieutheorie – im 17. und 18. Jh. unter den Materialisten und Aufklärern verbreitete Lehre vom Einfluß der Umwelt auf den Menschen. Sie war eine wesentliche theoretisch-philosophische Grundlage für den utopischen Sozialismus.

bereitwillig aufgegriffen, ebenso wie die von Godwin und dem Utilitaristen Bentham; dies war jedoch erst in späteren Jahren. Owen ließ sich von der philosophisch-aufklärerischen Grundthese leiten, daß der Mensch das Produkt sowohl seiner Umwelt wie auch der Erziehung sei, und knüpfte unmittelbar an die Lehren des französischen Materialismus »von der ursprünglichen Güte und gleichen intelligenten Begabung des Menschen, der Allmacht der Erfahrung, Gewohnheit, Erziehung . . . , der hohen Bedeutung der Industrie, der Berechtigung des Genusses etc.« an. (10, 2, S. 138)

Von diesen auf milieutheoretischen Positionen basierenden Auffassungen Owens war es eigentlich nur noch ein kleiner Schritt bis zu der Erkenntnis, daß man die menschenunwürdigen Umstände, wie sie bereits die frühkapitalistische Gesellschaft kennzeichnen, durch solche ablösen müsse, in denen sich der Mensch frei entfalten kann und zu Glück und Wohlergehen findet.

Bereits in jener Zeit, da Owen in Manchester als Direktor verschiedener Betriebe arbeitete und durchaus erfolgreich — wenn auch noch in recht bescheidenem Rahmen — begann, hier und dort korrigierend auf die »Umstände« einzuwirken, reifte in ihm der Entschluß, die von ihm in der Theorie als richtig erkannten Ideen in einem größeren Projekt praktisch zu erproben. Besonders geeignet erschien ihm dafür New Lanark, das er auf einer seiner Geschäftsreisen nach Schottland kennengelernt hatte. In New Lanark war 1784 von David Dale und Richard Arkwright eine Baumwollspinnerei eingerichtet und dazu eigens ein Dorf erbaut worden. Die relative Abgeschiedenheit der Siedlung schien für Owen genau die richtige Voraussetzung, um hier sein erstes Sozialexperiment zu beginnen.

Er einigte sich mit David Dale, der nicht nur einer der prominentesten schottischen Unternehmer war, sondern auch als Präsident der Königlichen Bank von Glasgow vorstand, über den Kauf der Baumwollspinnerei. Owen gründete gemeinsam mit Teilhabern aus London und Manchester die »New Lanark Twist Company«, kaufte die Fabrik für 60 000 Pfund und übernahm am 1. Januar 1800 die Geschäftsführung.

Es soll in diesem Zusammenhang nicht unerwähnt bleiben, daß die geschäftliche Verbindung mit Dale noch einen anderen, ganz persönlichen Effekt für Robert Owen brachte. Er

Siedlung der Baumwollspinnerei New Lanark, die sich durch das Wirken R. Owens zu einer Musterkolonie entwickelte. Stich von John Pye nach einem Gemälde von R. Reniagle (1823)

machte nämlich in Glasgow die Bekanntschaft von dessen neunzehnjähriger Tochter Caroline, die er noch vor der Übernahme von New Lanark heiratete. Sie hatten gemeinsam sieben Kinder, vier Söhne und drei Töchter, die alle eine gediegene Ausbildung erhielten, ihren Vater später auf seinen Reisen begleiteten und von denen dieser selbst stolz bekannte, daß sie zu solchen Männern und Frauen heranwuchsen, wie sie wenigen Eltern zuteil werden. Auch von seiner Frau sprach er stets voller Achtung als seinem »gütigen und liebreichen Weib«. Ebenso verband ihn mit der Familie seines Schwiegervaters eine herzliche Freundschaft.

Eine neue Gesellschaftsauffassung

Wir haben bereits erwähnt, daß die Jahrhundertwende der Zeitpunkt war, an dem Robert Owen sein erstes großes Sozialexperiment begann.

»Am 1. Januar 1800«, so berichtet er selbst, »trat ich die Regierung von Lanark an. Ich sage Regierung. Denn es war nicht meine Absicht, Leiter einer Baumwollfabrik in der damals allgemein üblichen Weise zu sein, sondern die mit Erfolg bei den Arbeitern in Herrn Drinkwaters Fabrik angewandten Grundsätze einzuführen und die Lebensbedingungen der ganzen Bevölkerung, die ich von Umständen umgeben sah, die ihren Charakter schädlich beeinflußten, zu ändern.« (18, S. 52)

Robert Owen: Eine neue Gesellschaftsauffassung: »Die in diesen Werken beschäftigten Leute waren ... sehr gegen den neuen Leiter der Fabrik eingenommen. Sie waren gegen ihn eingenommen, weil er ein Fremder und ein Engländer war, weil er der Nachfolger Herrn Dales war, unter dem sie so ziemlich hatten tun und lassen können, was sie wollten, weil sein religiöses Bekenntnis nicht das ihre war und weil sie glaubten, daß der Betrieb nach neuen Gesetzen und Bestimmungen geleitet würde, nach denen aus ihrer Arbeit ein möglichst hoher Gewinn ›herausgeschunden‹ werden sollte.« (9, S. 207)

Die Verhältnisse, die Owen in New Lanark vorfand, waren in der Tat katastrophal. »Die Bevölkerung lebte in Müßiggang, in Armut, in fast jeder Art von Verbrechen, und damit auch in Schulden, Krankheit und Elend.« (9, S. 204) Doch nicht allein die Bevölkerung bot ein erschreckendes Bild, um ihre Arbeits- und Lebensbedingungen war es nicht besser bestellt. Übermäßig lange Arbeitszeit bei geringer Entlohnung, selbst die aus den Waisen- und Armenhäusern zur Verfügung gestellten Kinder mußten bereits im Alter zwischen sechs und acht Jahren 13 Stunden am Tag arbeiten, dazu schlechte Wohnverhältnisse, die Familien lebten in der Regel in einem einzigen Raum, und schließlich eine nur am Profit orientierte Leitung, das war der Rahmen, in dem sich das Leben in New Lanark bewegte.

Es war für Owen also alles andere als ein leichtes Beginnen, zumal es mannigfache Widerstände zu überwinden galt. Vor allem die Arbeiter selbst begegneten ihm mit großem Mißtrauen. Dennoch ließ er sich nicht entmutigen, sondern begann systematisch, die »ungünstigen Verhältnisse der Arbeiter zu beseitigen und zu verbessern«. (9, S. 208) Im zweiten seiner Aufsätze über »Eine neue Gesellschaftsauffassung« (A New View of Society) zog er nach reichlich 12 Jahren eine erste Bilanz seiner Bemühungen und schilderte sehr detailliert die einzelnen von ihm in Angriff genommenen Maßnahmen, die auf eine durchgreifende Veränderung der Lebensverhältnisse in New Lanark zielten. Neben umfangreichen Rationalisierungsmaßnahmen des Produktionsprozesses, wozu der Ersatz alter Maschinen durch neue, produktivere ebenso gehörte wie zahlreiche technische Neuerungen und Maßnahmen zum Arbeits- und Gesundheitsschutz, setzte Owen die Arbeitszeit rigoros von 16 auf $10^1/_2$ Stunden bei gleichem Lohn herab und verbot die Beschäftigung von Kindern unter zehn Jahren. Er schuf einen Unterstützungsfonds für Kranke, Unfallverletzte und Alte, an dem sich die Arbeiter mit einem Sechstel ihres Lohnes beteiligten. Andere Maßnahmen zielten auf die Bekämpfung der Kriminalität und des Alkoholmißbrauchs, vornehmlich durch verstärkte Kontrollen, Aufklärung und andere vorbeugende Maßnahmen. Auf die Einschaltung von Polizei und Gerichten wurde bewußt verzichtet. Streitigkeiten aller Art wurden von einer Art Jury geschlichtet, die von den

Geschäftsunterlagen belegen, daß New Lanark erhebliche Gewinne abwarf, von denen alle Teilhaber ansehnliche Anteile erhielten. Allein in den Jahren zwischen 1809 und 1813 werden außer einer fünfprozentigen Kapitalverzinsung 160 000 Pfund Gewinn registriert.

Bewohnern selbst ernannt wurde. Zugleich trat Owen sehr nachdrücklich für die Religionsfreiheit unter den Bewohnern ein und beseitigte bestehende Privilegien. Selbst in der Schule wurde ausdrücklich nur nach Büchern gelehrt, die nicht eine bestimmte Religion bevorzugten. Ergänzt wurde dies alles durch Maßnahmen und Vorschriften, die auf die Durchsetzung von Ordnung und Sauberkeit und auf die Erhöhung des Lebensstandards gerichtet waren. Dazu gehörte, daß die Häuser der Arbeiter vergrößert und wohnlicher eingerichtet und die Straßen verbessert wurden, wobei zugleich auf deren hygienischen Zustand geachtet wurde. Durch die Firma wurden Lebensmittel, Brennmaterial und Kleidung angekauft und zu Preisen an die Arbeiter abgegeben, die um etwa ein Viertel unter dem der Privatgeschäfte des benachbarten Old Lanark lagen.

Der dennoch erzielte Gewinn von jährlich etwa 700 Pfund wurde für die Schule verwendet. Es waren dies alles Maßnahmen, die sowohl der Firma als auch den Arbeitern zugute kamen. Allerdings erwarb er sich deren endgültiges Vertrauen erst nach etwa sechs Jahren, als er bei einer viermonatigen Stillegung des Betriebes wegen Rohstoffmangels den vollen Lohn weiterzahlte. Ähnlich verfuhr er dann noch einmal, als 1817 eines der vier Fabrikgebäude abbrannte.

Binnen 12 Jahren gelang es Owen, New Lanark zu einer

Blick in das Innere einer Baumwollfabrik, in der die Technik bereits Einzug gehalten hat. Nach authentischen Berichten gab es allerdings 1830 in der Baumwollindustrie, dem am weitesten entwickelten Produktionszweig, immer noch dreimal so viele Handwebstühle wie mechanische Webstühle.

Musterfabrik und Mustersiedlung zu wandeln. Das Fazit, das er in »A New View of Society« ziehen konnte, ist in der Tat beeindruckend: »Allerdings geschehen heutzutage keine Wunder mehr«, stellte er einleitend fest und fügte hinzu: »So wird auch nicht behauptet, daß unter diesen Umständen alle ohne Ausnahme vernünftig und gut oder von Irrtum frei geworden seien. Aber es kann wahrheitsgemäß behauptet werden, daß sich die Gesellschaft wesentlich verbessert hat, daß sie ihre schlimmsten Fehler fallen ließ und daß auch die kleineren bald verschwinden werden, wenn diese Grundsätze weiter zur Anwendung kommen . . . Das Gemeinwesen macht ganz allgemein den Eindruck von Fleiß, Mäßigkeit, Behagen, Gesundheit und Glück«, stellte er abschließend fest. (9, S. 214)

Im Anschluß an den zweiten Aufsatz forderte er in einem »Offenen Brief an die Unternehmer«, seinem Beispiel zu folgen. Neben dem Vorwurf, daß seit der allgemeinen Einführung der Maschinen in den britischen Fabriken der Mensch zunehmend als »nebensächliche und untergeordnete Maschine« betrachtet werde, der man weit weniger Aufmerksamkeit widme als der Vervollkommnung der »rohen Materialien Holz und Metall«, unternahm er darin den Versuch, die Besitzer der Fabriken nicht in erster Linie mit moralischen, sondern mit handfesten ökonomischen Argumenten von der Richtigkeit seines Weges zu überzeugen. Nicht Gewinne von, wie bisher, 5 bis 15 Prozent seien zu erwarten, sondern von »oft 50 und in vielen Fällen hundert Prozent«, wenn auf die Verbesserung der »lebenden Maschinen« ebensoviel Aufmerksamkeit, Zeit und Kapital verwendet werde wie auf die der »toten Maschinen«.

Wenngleich das gesamte New-Lanark-Projekt sehr den Geist von Philanthropismus atmete, so steckte im Keim doch bereits wesentlich mehr darin. Natürlich liegen solche Positionen, wie sie Owen in seinen Essays über »Eine neue Gesellschaftsauffassung« ausspricht, noch ganz auf dieser bürgerlich-philanthropischen Linie, doch finden sich schon hier sehr deutliche Hinweise darauf, daß Wohlwollen und eine »vernünftige« Erziehung allein nicht alles bewirken können, sondern daß auch die »Umstände«, die Umwelt, das soziale Milieu, grundlegender Änderungen bedürfen.

Zwischen 1812 und 1814 veröffentlichte Robert Owen erstmals und zusammenhängend in der insgesamt vier Essays umfassenden Arbeit »A New View of Society« seine sozial-

Der Regent-Kanal, 1828. Stich nach einer Zeichnung von T. Shepherd

Robert Owen plant eine »Reform in der Erziehung und Behandlung aller Armen, Unwissenden, Ungebildeten oder Verbildeten und Verzogenen«: »Dieser Plan besteht aus einem nationalen, wohl geordneten, niemanden ausschließenden System zur Heranbildung des Charakters und zur allgemeinen Hebung der unteren Klassen. Auf Grund der Erfahrungen eines diesem Gegenstand gewidmeten Lebens behaupte ich ohne Bedenken, daß alle Mitglieder jedes Gemeinwesens allmählich dazu erzogen werden können, ohne Trägheit, ohne Armut, ohne Verbrechen und Bestrafung zu leben.« (9, S. 216)

philosophischen und -reformerischen Prinzipien, die wesentlich von den bis dahin in Manchester und New Lanark gesammelten Erfahrungen getragen sind.

An den Anfang stellte er die gleichermaßen einfache wie vielsagende Feststellung, daß auf der britischen Insel fast drei Viertel der Bevölkerung der arbeitenden und dennoch armen Klasse angehören. Allenthalben seien Elend, Armut, Verbrechen und Müßiggang zu konstatieren. Owen ging jedoch davon aus, daß die erste, eigentliche und ständige Ursache allen menschlichen Handelns das Streben nach Glück sei. Daraus ergebe sich die Aufgabe, sowohl den Menschen in ein Milieu zu stellen, das Voraussetzungen für eine wahrhaft menschliche Entwicklung biete, wie zum anderen, den Menschen bewußt zu machen, daß persönliches Glück nur durch das Glück der Gemeinschaft erreichbar sei, nur dadurch, daß jeder einzelne erkennt, »sein persönliches Glück könne nur in dem Maße vergrößert werden, wie er selbst sich tätig bemüht, das Glück seiner Umwelt zu vermehren«. (9, S. 193 f.) Das entscheidende Mittel, überall eine solche Haltung und Einstellung herauszubilden, sieht Owen in der Erziehung, wobei der Erziehungsbegriff allerdings nicht eng, vielmehr übergreifend als »Charakterbildung« verstanden wird.

Zwei Dinge, meinte er, sind in der Lage, die die Welt bislang beherrschenden Übel radikal auszumerzen. Erstens eine auf vernünftige Weise vollzogene und auf Vernunft gerichtete Erziehung und zweitens die Vergabe ehrlicher und nützlicher Arbeit an alle. Ausdrücklich verwies er darauf, daß von diesem Erziehungssystem, das auf »allen modernen

Errungenschaften der Erziehungslehre« gründen soll, niemand ausgeschlossen bleiben darf. Wenn Owen das Erziehungssystem besonders akzentuiert, so ist das schon deshalb verständlich, weil sich das nicht allein aus seinen philosophischen Grundpositionen und Überzeugungen ergab, sondern weil er gerade auf diesem Gebiet aus eigener Erfahrung sehr gut wußte, wovon er sprach.

Bekanntlich genoß die Schule in New Lanark einen ausgezeichneten Ruf, was nicht zuletzt darauf zurückzuführen war, daß ihr Owen seine besondere Aufmerksamkeit widmete. Gemäß Owenscher Überzeugungen begann die Erziehung bereits frühzeitig; der Unterricht setzte mit den Gegenständen der unmittelbaren Umgebung ein und vermittelte das Wissen weitgehend durch Spiel und Unterhaltung. Am 1. Januar 1816 konnte er sein »Institut für Charakterbildung« einweihen, in dem sich neben Unterrichtsräumen auch Spielzimmer für die Jüngsten und Lese- und Unterhaltungsräume befanden. Das »Institut« vereinte in sich drei Stufen, eine für Kinder unter fünf Jahren (die sog. Infant School), dann die Tagesschule für die fünf- bis zehnjährigen und schließlich für die Kinder über zehn Jahren die Abendschule, denn diese Schüler waren tagsüber in der Fabrik beschäftigt. Für die Tagesschüler hingegen gab es eine Arbeitserziehung in Form polytechnischen Unterrichts, wie wir heute sagen würden, denn in den Unterricht wurde als fester Bestandteil die handwerkliche und hauswirtschaftliche Ausbildung sowie die Vermittlung praktischer landwirtschaftlicher Kenntnisse einbezogen.

Owen pflegte persönliche Beziehungen zu solch bekannten Pädagogen wie Pestalozzi, Oberlin und Fellenberg, in dessen Lehranstalt im schweizerischen Hofwyl seine beiden ältesten Söhne ihre Ausbildung erhielten.

Karl Marx hatte das Owensche Schulsystem vor Augen, als er im »Kapital« schrieb: »Aus dem Fabriksystem, wie man im Detail bei Robert Owen verfolgen kann, entsproß der Keim der Erziehung der Zukunft, welche für alle Kinder über einem gewissen Alter produktive Arbeit mit Unterricht und Gymnastik verbinden wird, nicht nur als eine Methode zur Steigerung der gesellschaftlichen Produktion, sondern als die einzige Methode zur Produktion vollseitig entwickelter Menschen.« (10, 23, S. 507 f.)

Zweifelsohne bilden Owens Erfahrungen und Reformvorschläge auf dem Gebiet der Erziehung den Schwerpunkt der Aufsätze von »A New View of Society«, sie sind aber längst nicht deren alleiniger Inhalt. Vielmehr unterbreitete er, namentlich im letzten der vier Essays, eine ganze Reihe von weitergehenden Reformvorschlägen, die von Gesetzen, die

die Herstellung und den Genuß von Alkohol verbieten sowie auf das Verbot der Staatslotterie zielen, bis zur Revision der Armengesetze, wirksamen Maßnahmen zur Beseitigung der Arbeitslosigkeit, der Forderung nach einem neuen umfassenden Erziehungsgesetz und schließlich gar nach einer Kirchenreform reichen. Der vierte Aufsatz wandte sich daher ausdrücklich an die Regierung, von der er dringend notwendige staatliche Maßnahmen zur Beseitigung der vielfältigen Übel erwartete, unter denen die Gesellschaft leidet. Sehr nachdrücklich verwies er auf die Folgen der Massenarbeitslosigkeit, die breite Schichten der Bevölkerung in Armut, Krankheit und Elend stürzt und ständige Quelle für Verbrechen aller Art ist. Sollten Regierung, politische Parteien, die Kirche und die Unternehmer nicht bereit sein, dieses Problem energisch anzupacken und zu lösen, warnte er, »so wird der Kampf ... von seiten derer unternommen, die heute in unnötigem Elend leben. Dieser Kampf hat das Ziel, jenen Grad von Lebensglück zu erringen, der für sie praktisch erreichbar ist; und er wird sich nicht mehr lange aufschieben lassen«. (9, S. 269) Die Gesellschaft verfüge über ausreichend Mittel und Möglichkeiten, jedem Bürger Arbeit und damit die Voraussetzung für ein glückliches Leben zu geben.

Mit dieser Position übte er nicht allein Kritik an Staat und Kirche, denen er — wenn auch noch sehr zurückhaltend — Untätigkeit und Unfähigkeit vorwarf, er stellte sich auch bewußt gegen die seinerzeit immer größeren Einfluß gewinnende Lehre des Vulgärökonomen Thomas Robert Malthus. Ohne auf Hintergründe und Einzelheiten einzugehen, vertritt Owen in dieser Auseinandersetzung mit der Theorie Malthus' die Überzeugung, daß die Frage, ob die Menschen in Armut und Elend oder aber in Glück und Wohlstand leben, nicht davon abhängt, wieviel Menschen das Land bevölkern, sondern ob das gesellschaftliche System, unter dem sie leben, bereit und willens ist, solche Bedingungen zu schaffen, die den Menschen die Möglichkeit geben, ausreichend für ihren Lebensunterhalt selbst zu sorgen.

Karl Marx hat sich später, in den »Grundrissen der Kritik der Politischen Ökonomie«, ausführlich mit Malthus' Populationstheorie auseinandergesetzt und dessen »durchaus falsch(e) und kindisch(e)« Theorie als das charakterisiert, was sie in Wirklichkeit ist, nämlich »brutaler Ausdruck der brutalen Ansicht des Kapitals«. (10, S. 499)

Thomas Robert Malthus (1766–1834), englischer Geistlicher und Ökonom; vertrat in einer 1798 verfaßten »Abhandlung über das Bevölkerungsgesetz« die unwissenschaftliche und in ihrer Konsequenz reaktionäre These, daß die Produktion von Lebensmitteln nicht mit dem Bevölkerungswachstum Schritt halten könne und Maßnahmen zur Bevölkerungsreduzierung notwendig würden

Owens Widerspruch gegen die Auffassungen Malthus' blieb nicht auf die Theorie beschränkt, sondern sollte in der Folge auch in praktischer Hinsicht Konsequenzen haben. Als England nämlich nach den Napoleonischen Kriegen von einer gewaltigen Krise heimgesucht wurde, entwickelte Owen einen Plan, wie dem Problem beizukommen sei. Er unterbreitete den Vorschlag, mit staatlicher Unterstützung für die Arbeitslosen Siedlungen zu errichten, in denen die Bewohner einer geregelten Tätigkeit nachgehen und die notwendigen Mittel zu ihrem Unterhalt selbst erarbeiten. Das vorgeschlagene Projekt stieß jedoch sofort auf Ablehnung. Dabei bedienten sich die Gegner Owens immer wieder des Arguments, daß derartige Siedlungen zur Überbevölkerung führen, jenes Gespenst, das Malthus so drohend an die Wand malte. Unter dem Einfluß von Malthus und seinen Anhängern wurden statt dessen die Armengesetze verschärft. Doch Owen gab nicht klein bei. Immer wieder propagierte er seine Idee von Genossenschaftssiedlungen für die Armen, die schließlich — ständig präzisiert und erweitert — in der Neugestaltung der Gesellschaft auf kommunistischer Grundlage gipfelte.

Waren seine anfänglichen Intentionen ausschließlich darauf gerichtet, die Situation der Armen und Arbeitslosen zu bessern, gelangte er bald zu der Auffassung, daß sein Modell nicht auf diesen Teil der Gesellschaft beschränkt bleiben sollte, sondern vielmehr den Ausgangspunkt für die Veränderung der Gesellschaftsordnung überhaupt bilden könne. »Das erste Dorf der Einheit und des gegenseitigen Zusammenwirkens (village of unity and mutual cooperation), das errichtet wird, wird zum Teil ein Modell für alle andern in diesem Lande und der ganzen Welt sein.« (16, S. 402)

Theoretisch untermauert und mit wertvollen ökonomischen Überlegungen angereichert, gingen seine Vorstellungen dann in den »Bericht an die Grafschaft Lanark« ein.

Dieser Bericht, der am 1. Mai 1820 auf einer allgemeinen Versammlung der Grafschaft in Lanark erstattet wurde, beinhaltet »einen Plan, die öffentliche Not zu lindern und die Unzufriedenheit zu beseitigen, indem den armen und arbeitenden Klassen ständig produktive Beschäftigung unter Vorkehrungen gegeben wird, die ihren Charakter und ihre Lebensbedingungen wesentlich verbessern, die Produktions- und Konsumkosten verringern und Märkte schaffen, die sich mit der Produktion ausdehnen«, wie es im erläuternden Untertitel heißt. (9, S. 283) Im dritten Teil des Berichtes führt er die Einzelheiten des Planes zu einer Kollektivsiedlung aus. Als optimal sah er Siedlungen in der Größenordnung von 800 bis 1 200 Personen an. Pro Person sollten etwa ein bis anderthalb Morgen Land bewirtschaftet werden. Wie Fourier, so plädierte auch Owen für einen ständigen Wechsel der Tätigkei-

Londoner Proletarierwohnung. Holzschnitt aus der Mitte des 19. Jh.

ten. »Alle werden der Reihe nach eine oder mehrere Arbeiten in den Fabriken und Werkstätten ergreifen, wobei jede Verbesserung, die die Wissenschaft bieten kann, ihre Arbeit erleichtern wird. Alle sind abwechselnd in den Fabriken und dann in den Gärten und auf den Feldern beschäftigt.« (6, S. 193)

Obwohl seine Anregungen im Detail keineswegs abwegig sind, konnte sich Owen mit seinen Vorschlägen nicht durchsetzen. Er stieß immer mehr an die Grenzen, die die kapitalistische Gesellschaft setzt. Es ist dies jener Punkt, wie Owen später eingestand, an dem er die »tief verborgene Verschwörung der oberen Klassen gegen die bis dahin legalen Rechte der armen und arbeitenden Klasse« zu erkennen beginnt. (16, S. 401) Denn er wollte inzwischen mehr als lediglich Mildtätigkeit für die Armen, er hatte erkannt, daß kosmetische Operationen allein nicht genügen, um das »große Ziel der Gesellschaft«, »Reichtum hervorzubringen und ihn zu genießen« zu verwirklichen. (9, S. 303)

»Der Fortschritt zum Kommunismus war der Wendepunkt in Owens Leben«, schreibt Engels im »Anti-Dühring«. »Solange er als bloßer Philanthrop aufgetreten, hatte er nichts geerntet als Reichtum, Beifall, Ehre und Ruhm. Er war der populärste Mann in Europa ... Als er aber mit seinen kommunistischen Theorien hervortrat, wendete sich das Blatt.« (10, 20, S. 245)

Drei Hindernisse vor allem waren es, die der Verwirklichung seines Vorhabens einer gesellschaftlichen Reform im Wege standen: zum ersten die Religion, sodann das Privateigentum an Produktionsmitteln und schließlich die bürgerliche Form der Ehe. Sie mußte er in erster Linie angreifen, und »er wußte, was ihm bevorstand, wenn er sie angriff: die allgemeine Ächtung durch die offizielle Gesellschaft, der Verlust seiner ganzen sozialen Stellung«. (10, 20, S. 245) Dennoch zögerte er nicht, es zu tun.

So trat ein, was er selbst vorausgesehen hatte. Er verlor die Unterstützung der Presse, der Buchhandel verzichtete auf die Verbreitung Owenscher Arbeiten, viele seiner einflußreichen Freunde zogen sich zurück. Als dann gar durch den Einfluß der Kirche seine Position in New Lanark ins Wanken geriet, war für ihn der Punkt gekommen, Neues zu beginnen. Das Angebot, die Siedlung Harmony in den USA zu günstigen Bedingungen zu erwerben, war Ausgangspunkt für ein großangelegtes soziales Experiment, von dem er die Bestätigung seiner Theorie durch die Praxis erwartete.

Das Experiment "New Harmony"

Im Herbst des Jahres 1824 reiste Robert Owen in die Vereinigten Staaten von Amerika. In den zurückliegenden Jahren hatte ihn immer wieder die Idee der Gründung von Genossenschafts-Siedlungen beschäftigt. Nun hatte er die Möglichkeit, sie in der Praxis zu erproben. Die Rappisten-Siedlung Harmony im US-Bundesstaat Indiana stand zum Verkauf. Sie sollte, nach dem Willen ihres neuen Besitzers, die Wiege für eine Gesellschaft werden, in der Frieden, Glück und Wohlstand für alle ihre Heimstatt haben.

Rapp, Erwin (1757 bis 1847) – vertrat eine am Urchristentum anknüpfende Gütergemeinschaftslehre. R. gründete mit einigen hundert Anhängern 1804 in der Nähe von Pittsburgh im USA-Staat Pennsylvanien die Kolonie Harmonie, in der Güter- und Arbeitsgemeinschaft, später auch Ehelosigkeit herrschten und die zu beträchtlichem Wohlstand gelangte. 1815 gründete R. in Indiana eine neue Siedlung, New Harmony, die 1824 von Owen erworben wurde. Die Rappisten errichteten in der Nähe von Pittsburgh die Stadt Economy.

In mehreren Reden, die er nach seiner Ankunft auf dem amerikanischen Kontinent in verschiedenen Städten des Landes vor einer interessierten Zuhörerschaft hielt, stellte er sein Vorhaben vor und warb um Beteiligung an dem Projekt.

Zunächst gründete Owen eine Übergangsgesellschaft. Sie, die »Pre iminary Society«, hat ihre Geburtsstunde am 25. April 1825, als Owen in der alten Rappistenkirche von Harmony die Eröffnungsrede hielt, bei der er auch die Verfassung der Gesellschaft vortrug. Neben der allgemeinen Aufgabe der Gesellschaft, das Glück der Welt zu fördern, betonte Owen als ihren besonderen Zweck, »den Charakter und die Lebensbedingungen ihrer eigenen Mitglieder zu bessern und sie zu Genossen unabhängiger Gemeinwesen mit Gütergemeinschaft auszubilden«. (16, S. 417) Weiter heißt es in den einleitenden Passagen, daß alle Bemühungen auf das Ziel gerichtet sein müssen, den Mitgliedern »das größte Glück zu verschaffen, es ihnen zu sichern« und es weiter auf die Kinder und Enkel zu übertragen. Die Mitgliedschaft in der Gesellschaft soll allen offenstehen, wobei zugleich ausdrücklich herausgestellt wird, daß alle Mitglieder der Gesellschaft, unabhängig von ihrer Herkunft und ihrer sozialen Stellung, völlig gleichberechtigt sind. Einzig aus dem Alter und der Erfahrung sowie der Wahrnahme leitender Funktionen innerhalb des Gemeinwesens dürfe ein gewisser Vorrang geltend gemacht werden.

Dem Übergangscharakter der Gesellschaft entsprechend, mußte Owen allerdings einige Zugeständnisse machen: Ich muß, so räumte er ein, »sehr gegen meine Gefühle und Neigungen, eine Zeitlang einen gewissen Grad pekuniärer Ungleichheit zulassen, und gewisse Übel hinnehmen, die solange dauern müssen, als Ungleichheit besteht. — Aber es wird keine persönliche oder gesellschaftliche Ungleichheit, keinen Standesunterschied geben.« (18, S. 172)

In der Verfassung der Präliminar-Gesellschaft sind eine Reihe von Pflichten und Rechten festgelegt, von denen wir die wichtigsten in aller Kürze hier resümieren wollen. So fordert die Verfassung beispielsweise, daß alle Mitglieder freiwillig und nach besten Kräften »der Wohlfahrt der Gesellschaft dienen«. Alle sollen »ihrer Beschäftigung fleißig nachgehen«, diejenigen, die noch keinen Beruf erlernt haben, werden aufgefordert, eine »nützliche Beschäftigung oder Tätigkeit (zu) erlernen«. Daneben orientiert die Verfassung auf die Einhaltung einer Reihe ethisch-moralischer Gebote und hebt die besondere Bedeutung des aktiven Vorbilds, des beispielhaften Handelns hervor. Zu den Rechten gehört, daß die Gesellschaft entsprechend ihren Möglichkeiten für den Lebensunterhalt der Mitglieder und für die Kindererziehung Sorge trägt, daß sie im Alter und im Falle von Krankheit oder Unfall Unterstützung gewährt sowie völlige Gewissensfreiheit und

Blick auf Philadelphia, eines der wirtschaftlichen Zentren Nordamerikas. Stich von Carwitham

Porträt Robert Owens aus dem Jahre 1847

das Recht aller Mitglieder, »nach ihrem Willen religiöse Gottesdienste und Andachten auszuführen«, garantiert. (16, S. 420)

Beachtung verdienen die Festlegungen, die die wirtschaftlichen Belange in dem Gemeinwesen betreffen. Der Beitritt zur Gesellschaft erfolgte auf eigene Kosten, und jedes Mitglied trug durch seine Arbeit zum Wachsen und Gedeihen der Gemeinschaft bei. Für diese Arbeitsleistungen wurde ihnen ein bestimmter Kredit gewährt, dessen Höhe sich nach den erbrachten Leistungen richtete.

Für kapitalkräftige Bewerber sah die Verfassung vor, daß sie sich ebenfalls an der Gesellschaft beteiligen und deren Vorteile genießen können; ihnen wurde allerdings das Vorrecht eingeräumt, gegen Zahlung eines zu vereinbarenden

Jahresbetrages nicht in die notwendigen Arbeiten einbezogen zu werden. In der Folge sollte sich bald zeigen, daß dieses Zugeständnis einen wichtigen Platz im Ensemble jener Ursachen einnahm, die zum Scheitern des großangelegten Projekts führten. Zunächst aber stand man erst am Anfang, von überall her kamen die Interessenten; bereits in den ersten Monaten hatte ihre Zahl die vorgesehene Grenze von 500 Personen beträchtlich überschritten. Unter ihnen waren lediglich 116 gelernte Arbeiter. Es war, wie Owen später eingesteht, »eine heterogene Masse, von denen viele exzentrisch waren, aus den verschiedensten Motiven zusammenkamen und infolge des früheren Unterrichts und der Erziehung gänzlich unvorbereitet waren, eine neue Gesellschaft zu bilden«. (16, S. 417)

Es war wirklich eine bunt zusammengewürfelte Gemeinschaft, die sich in New Harmony eingefunden hatte. Hervorragende Naturforscher, Pädagogen und Künstler, wie etwa Thomas Say, ein namhafter Zoologe, Ch. A. Lessueur, C. Rafinesque, William Maclure und die Frauenrechtlerin Frances Wright sowie weitere Anhänger Owenscher Ideen in Amerika trafen sich mit Abenteurern und Sonderlingen, die teils aus Neugier, teils aus Hoffnung auf schnellen Reichtum sich für New Harmony interessierten. Zunächst ließ sich auch alles recht gut an; und obwohl Owen in der zweiten Hälfte des Jahres 1825 noch einmal für ein reichliches halbes Jahr nach England reisen mußte, so fand er doch nach seiner Rückkehr, »daß angesichts der neuen und außerordentlichen Umstände

Projekt der Mustersiedlung von New Harmony nach einer Zeichnung von T. Whitwell 1825

die Verwaltung während seiner Abwesenheit weit besser war, als zu erwarten stand«. (18, S. 178)

Dieser positive Eindruck, den Owen bei seiner Rückkehr gewann, mag wesentlich dazu beigetragen haben, daß er, entgegen seinen ursprünglichen Plänen, einer sofortigen Umwandlung der »Preliminary Society« in eine »Community of Equality«, eine »Gesellschaft der Gleichheit«, zustimmte. Robert Owens großes Ziel, das er mit seinem amerikanischen Projekt verband, lief zwar immer auf die Gründung einer solchen kommunistischen Gesellschaft hinaus, in der auf der Grundlage gemeinschaftlichen Eigentums gleiche Rechte und Pflichten für alle gelten sollten, aber er war doch von einer wesentlich längeren Übergangszeit ausgegangen, und vor allem wollte er den Stamm einer solchen Gemeinde zuvor sorgfältig auswählen. Davon konnte jetzt keine Rede mehr sein, denn die neuen Bewohner New Harmonys waren da, sie kamen, gerufen oder ungerufen, und sie warteten nun auf den Fortgang. Außerdem sah sich Owen sofort von vielen Seiten unter Druck gesetzt, umgehend die sog. vorbereitende Gesellschaft in die angestrebte »Gesellschaft der Gleichheit« umzuwandeln.

Nur gar zu gern gab Owen diesem Drängen nach, und so wurde bereits am 5. Februar 1826 die »New Harmony Community of Equality« gegründet. Zuvor war durch ein Komitee die neue Verfassung erarbeitet worden, die insgesamt 15 Artikel umfaßte. Zu ihren obersten Grundsätzen erklärte sie die »Gleichheit der Rechte, ohne Unterschied des Geschlechts und des Standes, für alle Erwachsenen, und Gleichheit der Pflichten, je nach der körperlichen und geistigen Befähigung; Gemeinsamkeit des Eigentums und genossenschaftliche Vereinigung (Cooperative Union) in den Geschäften und Vergnügungen des Lebens«. (18, S. 179) Im Unterschied zur Verfassung der »Preliminary Society« orientierte die neue Verfassung noch stärker auf die Gleichheit und betonte ausdrücklich die Gemeinsamkeit des Eigentums — Eigentum wohlverstanden vorrangig als Eigentum an den Produktionsmitteln.

Aus der Verfassung der »New Harmony Community of Equality« Artikel VII: »Das unbewegliche Besitztum der Gemeinschaft soll in ewiger Treuhandschaft für immer zum Nutzen der Gemeinschaft und all ihren jeweiligen Mitgliedern bewahrt bleiben; und jede Person, die die Gemeinschaft verläßt, soll all ihre Ansprüche hierauf oder ihre Anrechte hieran verlieren.« (16, S. 423)

Ein weiterer bedeutsamer Unterschied bestand darin, daß alle Mitglieder der Gesellschaft gewissermaßen als Glieder einer Familie mit völlig gleicher Lebenshaltung angesehen wurden, ohne Unterschied ihrer Tätigkeit und der erbrachten Leistungen. Gerade solche Festlegungen sollten sich bald als äußerst negativ erweisen, wurden doch auf diese Weise die

Fleißigen und Arbeitsamen auf eine Stufe mit denen gestellt, die — wie man zu sagen pflegt — die Arbeit nicht erfunden haben.

Wesentlich größere Aufmerksamkeit wandte man des weiteren jenen Bestimmungen zu, die sich mit den legislativen und exekutiven Fragen beschäftigten. Die Verfassung schrieb vor, daß die gesetzgebende Gewalt bei der Versammlung lag, die »alle ansässigen Mitglieder der Gemeinschaft über einundzwanzig Jahre« umfaßt. (16, S. 422) Die ausführende Gewalt hingegen lag bei einem gewählten Rat. Die Gemeinschaft gliederte sich in verschiedene Abteilungen, die den Haupttätigkeitsfeldern entsprachen, also Abteilungen für Landwirtschaft; Handwerk und Industrie; Literatur, Wissenschaft und Erziehung; Hauswirtschaft; Allgemeine Wirtschaft (General Economy) und schließlich Handel. Der Ausführende Rat hatte die Aufgabe, alle Verträge abzuschließen, alle allgemeinen Vorschriften in die Wirklichkeit umzusetzen und allgemein alle Angelegenheiten der Gemeinschaft zu besorgen und zu überwachen. In seiner Tätigkeit unterlag er jederzeit den Festlegungen der Gemeinschaft, wie sie durch die Versammlung beraten und beschlossen wurden. Regelmäßig hatte er vor der Versammlung Rechenschaft über seine Tätigkeit abzulegen. (16, S. 423) Wir sehen also, daß Owen der Demokratie große Bedeutung beimaß.

Doch weder die demokratischen Leitungs- und Verwaltungsprinzipien noch die zugestandene völlige »Freiheit in allen Angelegenheiten des Wissens und der Meinung und besonders in religiöser Hinsicht« (16, S. 424) haben den alsbald einsetzenden Zerfall der »New Harmony Gemeinschaft der Gleichheit« verhindern können. Obwohl die Verfassung ausdrücklich forderte, daß »alle Mißverständnisse, die zwischen den Mitgliedern der Gemeinschaft aufkommen, innerhalb der Gemeinschaft erledigt werden« (16, S. 424), kam es bald zu Abspaltungen. Bereits nach einem reichlichen Jahr mußte sich Owen den Mißerfolg selbst eingestehen, und im April 1828 resümierte er in einem abschließenden Bericht, daß sein Versuch vorzeitig gewesen sei. Die Ironie besteht darin, daß diese Aussage durchaus den Kern trifft, wenngleich Owen sie eigentlich ganz anders gemeint hat. Denn nicht die mangelnde moralische Reife der New-Harmonisten, nicht die unzulänglichen materiellen Voraussetzungen, auch nicht der Streit zwischen Owen und Maclure und schon gar nicht die uneinheitlichen Auffassungen der Lehrkräfte bei der Kindererziehung waren die tatsächlichen Ursachen. Sie liegen vielmehr im kapitalistischen System selbst, seinem historischen Entwicklungsstand und dem Unvermögen Owens, die diesem System innewohnenden Gesetzmäßigkeiten aufzudecken und die notwendigen Schlußfolgerungen daraus abzuleiten.

Er blieb weitgehend in den Grenzen seiner auf mechanistisch-materialistischen Positionen beruhenden Weltanschauung gefangen. Daraus resultierte dann auch sein voluntaristisches Konzept zur Umgestaltung der gesellschaftlichen Verhältnisse. Es ist deshalb keineswegs zufällig, daß Karl Marx in den »Feuerbach-Thesen« ausdrücklich auf Robert Owen verweist.

K. Marx: Thesen über Feuerbach: »Die materialistische Lehre, daß die Menschen Produkte der Umwelt und der Erziehung, veränderte Menschen also Produkte anderer Umstände und geänderter Erziehung sind, vergißt, daß die Umstände eben von den Menschen verändert werden und daß der Erzieher selbst erzogen werden muß. Sie kommt daher mit Notwendigkeit dahin, die Gesellschaft in zwei Teile zu sondern, von denen der eine über der Gesellschaft erhaben ist. (Z. B. bei Robert Owen.)« (10, 3, S. 533/534)

Dennoch bleibt es Owens Verdienst, mit seinem Versuch in New Harmony einen Schritt weiter gegangen zu sein als die beiden französischen utopistischen Sozialisten, denn seine kritische Analyse der Eigentumsverhältnisse läßt ihn die Notwendigkeit erkennen, das private Eigentum an den Produktionsmitteln zu überwinden. Später, im Jahre 1832, legte er in der Schrift »An Outline of the Rational System of Society« seine verallgemeinerten Erkenntnisse dar. Diese Arbeit stellt damit gewissermaßen die Vollendung seiner theoretischen Leitsätze dar und gipfelt in der Aufstellung einer allgemeingültigen Verfassung von auf kommunistischen Prinzipien beruhenden Gesellschaftsformen. New Harmony allerdings zeigte zunächst ganz eindrücklich, daß der dazu eingeschlagene Weg nicht der richtige sein konnte.

Owens Tatkraft und Mut sind indessen nicht gebrochen. Schon bahnen sich neue Möglichkeiten an; entlang der Grenze zwischen Mexiko und den Vereinigten Staaten will er ein Friedensreich gründen. Er reist selbst nach Mexiko, spricht mit den führenden Männern des Landes, wirbt weiter für seine Ideen und das neue Projekt. Zwar erhält er Zusagen des mexikanischen Präsidenten, ihm ausreichend Land zur Verfügung zu stellen, und auch die von Owen geforderte Religionsfreiheit wurde in Aussicht gestellt, doch der Sturz der Regierung in Mexiko vereitelte den ernsthaften Beginn des Unternehmens.

Die Absicht aber, in Mexiko — oder wo auch immer möglich — ein »Reich des Friedens« zu gründen, verweist zugleich auf einen wichtigen Aspekt seiner Haltung, nämlich auf die rückhaltlose Verurteilung des Krieges und den großen persönlichen Einsatz zur Erhaltung des Friedens. Wie er im Kleinen für den friedlichen Ausgleich der Interessen eintrat, so bemühte er sich auch im Großen, im Verhältnis der Staaten zueinander, Frieden und Zusammenarbeit zu stiften. Und er setzte sich selbst aktiv dafür ein, indem er noch während seines Amerika-Aufenthaltes zwischen den Vereinigten Staaten und Großbritannien vermittelte und mit Erfolg für die Verbesserung der Beziehungen zwischen beiden Ländern wirkte.

Gleich nach seiner Rückkehr nahm er Gelegenheit, sehr ausführlich seine Stellung zum Krieg darzulegen:

»Die Energien und Kräfte, die notwendig sind, um Krieg zu führen, oder in andern Worten, um in großem Maßstab zu zerstören, werden bei dem von der Erkenntnis rasch zu bewirkenden Umschwung zur Erzeugung wirklichen Reichtums, zu seiner Bewahrung und Verteilung verwandt, um so das Glück der Gemeinschaft zu fördern, der diese wertvollen Kräfte gehören. Und die ungeheure Verschwendung menschlicher Arbeit bei der Schaffung und Unterhaltung von Flotte und Militär werden ebenfalls beim kommenden Umschwung zur Erhaltung und Verbesserung der Gesellschaft verwandt werden, um jedem den größten Genuß zu sichern, den er nach seiner Beschaffenheit empfinden kann; und die Art und das Ausmaß dieses Genusses kann jetzt noch niemand richtig abschätzen.« (16, S. 430)

Ein unermüdlicher Aufklärer

Im Herbst 1824 war Robert Owen mit seinem Sohn William erstmals nach Amerika gereist, um sein Projekt in New Harmony in Angriff zu nehmen. Nun, ein halbes Jahrzehnt später, kehrte er endgültig nach England zurück. Sofort stürzte er sich wieder in eine umfangreiche und offensive Propagandaschlacht zur Werbung für seine Ideen. Er begann wiederum eine Reihe öffentlicher Versammlungen, hielt Vorlesungen und richtete zahlreiche Adressen an die verschiedensten Kreise der britischen Öffentlichkeit, an Kaufleute und Industrielle, an Bankiers und Aristokraten, an die Arbeiter und die Bauern, an Gelehrte und Soldaten, auch an das Parlament und dann gar an die ganze Nation. Ihnen allen versuchte er deutlich zu machen, daß eine grundsätzliche Umwälzung der gesellschaftlichen Verhältnisse unmittelbar bevorstehe. Veranlaßt wurde eine derartige Überzeugung durch eine ganze Reihe von Faktoren, angefangen bei der mächtigen Produktivkraftentwicklung und dem andauernden Aufschwung der Wissenschaften über die krisenhafte Entwicklung der Wirtschaft sowie die schreienden Gegensätze von Reichtum auf der einen und drückendem Elend auf der anderen Seite. In Frankreich trieb die Entwicklung unaufhörlich auf die Julirevolution, und die politische Szenerie Englands war durch die Kämpfe um das Wahlrecht gekennzeichnet. Zwar zogen Proletarier und Bourgeoisie zu diesem Zeitpunkt und in dieser Beziehung noch am selben Strang, es war aber bereits absehbar, daß die mit der industriellen Revolution sich sprunghaft und massenhaft entwikkelnde Arbeiterklasse alsbald ihren eigenen Weg gehen würde.

Auf diese Situation traf Owen nach seiner Rückkehr aus Amerika. Aber nach wie vor sah er im Proletariat lediglich die leidende Klasse. Friedrich Engels traf den Nagel auf den Kopf, wenn er bei der Einschätzung des englischen Sozialismus in der 1845 erschienenen Analyse zur »Lage der arbeitenden Klasse in England« konstatierte: »Der Sozialismus ging von Owen, einem Fabrikanten, aus und verfährt deshalb, während er der Sache nach über den Gegensatz von Bourgeoisie und Proletariat hinausgeht, in seiner Form dennoch mit viel Nachsicht gegen die Bourgeoisie und vieler Ungerechtigkeit gegen das Proletariat.« (10, 2, S. 451 f.) Dennoch bemerken wir neue Akzente. Als er seine Abschiedsrede in New Harmony hielt, hatte er nochmals seine Überzeugung bekräftigt, daß es notwendig sei, »das individualistische durch das

Die Arbeiterbewegung gewinnt zunehmend an Breite und Kraft. Streik in Preston (England) 1842. Die Regierung muß Truppen gegen die streikenden Arbeiter einsetzen, um deren Widerstand zu brechen.

soziale System zu ersetzen«, also den Kapitalismus durch den Sozialismus abzulösen. Zugleich gestand er jedoch ebenfalls ein: »Aber um den Wechsel hervorzubringen, muß ein Gang eingeschlagen werden, verschieden von dem, den ich ursprünglich beabsichtigte.« (18, S. 208)

Folglich keine Musterkolonien irgendwo in Übersee, sondern erfolgversprechendere Wege. Owen glaubte, sie zu diesem Zeitpunkt bereits gefunden zu haben, denn bei seinem vorangegangenen England-Aufenthalt richtete er an die in Landwirtschaft, Industrie und Handwerk Beschäftigten die Aufforderung, nicht länger ihre Arbeit an die Unternehmer zu verkaufen. Er griff dabei auf seine im »Bericht an die Grafschaft Lanark« dargelegte Arbeitswerttheorie zurück, in der er davon ausgeht, »daß grundsätzlich das natürliche Wertmaß die menschliche Arbeit ist oder die miteinander verbundenen körperlichen und geistigen Kräfte des Menschen in Tätigkeit«. (9, S. 289)

Diese Feststellung macht deutlich, wie intensiv Owen die Erkenntnisse der englischen klassischen bürgerlichen politischen Ökonomie, hier namentlich in Gestalt Ricardos, sich zu eigen gemacht hat. Zugleich gilt aber ebenso, daß er — wie auch William Thompson und Thomas Hodgskin — zu jenen Vertretern gehört, denen »die Ricardosche Theorie ausnahmsweise auch schon als Angriffswaffe wider die bürgerliche Wirtschaft dient«, wie Marx im Nachwort zur zweiten Auflage des »Kapital« hervorhebt. (10, 23, S. 20) An anderer Stelle, nämlich in den »Grundrissen der Kritik der Politischen Ökonomie«, zeigt Marx, wie Owen die Erkenntnisse politischer Ökonomie nutzt, um die Vergänglichkeit der kapitalistischen Ordnung nachzuweisen. Er zitiert dazu ausführlich aus den von Robert Owen 1837 in Manchester gehaltenen Vorlesungen, in denen dessen »historische Auffassung der industriellen (kapitalistischen) Produktion« besonders deutlich zum Ausdruck kommt. Owen hatte hier ausführlich den Prozeß der Konzentration der Produktion und der Akkumulation von Kapital untersucht und auf die Tatsache verwiesen, daß in diesem Prozeß die Kleineigentümer immer mehr jenen weichen müssen, die über große Kapitalien verfügen, und daß die bis dato bestehende »Gleichheit unter den Produzenten Platz machen muß der größten Ungleichheit zwischen Meister und Arbeiter, so wie sie nie zuvor in der Geschichte der Menschheit vorgekommen«. (10, Gr., S. 601)

Thompson, William (1785–1833) – englischer Sozialist, Anhänger Owens, ehemaliger Landlord, der sein Vermögen zur Verbreitung des Owenismus verwendete. Hauptwerke: Die belohnte Arbeit, Untersuchung über die Grundsätze der Verteilung des Reichtums

Hodgskin, Thomas (1787 bis 1869) – englischer ricardianischer Sozialist, Ökonom. Hauptwerk: Verteidigung der Arbeit gegen die Ansprüche des Kapitals (1825)

Owen zog daraus jedoch keineswegs den Schluß, daß es deshalb notwendig sei, zu den alten Verhältnissen der Kleinproduktion zurückzukehren, sondern schlußfolgerte, daß die sich entwickelnden Produktivkräfte vielmehr die Notwendigkeit schaffen »für eine andre und höhre Klassifikation der Gesellschaft«, worunter nichts anderes zu verstehen ist als die Ablösung der kapitalistischen Gesellschaftsformation durch die nächsthöhere, nämlich den Kommunismus.

Allerdings war er weiter fest davon überzeugt, diesen Wechsel, diesen Übergang nicht auf revolutionärem, sondern auf rein reformerischem Wege erreichen zu können. Ein Mittel sah er in der Einführung einer Institution, die den direkten Austausch der Arbeitsprodukte unter den Arbeitern regelt. Er nannte sie »Equitable Labour Exchange« (Gerechte Arbeitsbörse). Die »Arbeitsbörse« basiert auf seiner Arbeitswerttheorie und geht davon aus, daß die Arbeiter nicht die von ihnen produzierten Erzeugnisse gegen Geld an Zwischenhändler verkaufen. »Wäre es«, fragt er, »nicht rationeller, Eure Arbeit, anstatt sie für Geld zu verkaufen, unmittelbar für den eigenen Gebrauch zu verwenden, im Austausch unter Euch selbst, von Wert gegen Wert, oder der Summe von Arbeit in einem Artikel gegen die gleiche Summe in einem anderen.« (18, S. 210)

Grundlage der Berechnung soll die Zeit bilden, die ein Arbeiter bei durchschnittlicher Geschicklichkeit und durchschnittlichem Fleiß für die Herstellung eines bestimmten Erzeugnisses benötigt. Damit das Ganze auch eine objektive Basis habe, sind Taxatoren vorgesehen, die den Durchschnittswert festlegen.

Bewußt suchte Owen die Verbindung zur Genossenschaftsbewegung, die in jenen Jahren in England einen großen Aufschwung nahm. So wurde dann im September 1832 in London die erste Arbeitsbörse gegründet, der eine weitere in Birmingham folgte. Obwohl auch dieses Experiment zunächst Erfolg zu versprechen schien, mußte er sich bereits 1834 das endgültige Scheitern eingestehen. Sein weitergehender Plan, von einer Neuregelung der Verteilungsverhältnisse zur Neuordnung der Produktionssphäre fortzuschreiten — er hatte ihn auf dem »Cooperative and Trades Union Congress« im Oktober 1833 vorgeschlagen und war gleichzeitig für die Errichtung nationaler Produktionsgesellschaften auf der Basis der einzelnen Industriezweige eingetreten — blieb Absicht.

Faksimile einer Note der »Arbeitsbörse« aus dem Jahr 1833. Sie wurde für eine geleistete Arbeitsstunde ausgegeben.

Aber Robert Owen ließ sich davon ebensowenig entmutigen wie von dem Scheitern des Projekts in Queenswood, wo Anhänger zunächst ohne sein unmittelbares Zutun eine Siedlung nach dem Vorbild von New Harmony gründeten. Doch weder eine finanzielle Unterstützung noch die Übernahme der Geschäftsführung zu Beginn der 40er Jahre konnte verhindern, daß das Queenswood-Projekt mit einem Bankrott endete. Unbeeindruckt setzte er seine Arbeit fort, hielt Vorträge und Vorlesungen, verfaßte eine Fülle von Aufrufen und Artikeln, führte Streitgespräche und propagierte in einer Vielzahl von Arbeiten seine Ideen und Auffassungen. Dazu nutzte er in erster Linie die von ihm und seinen Anhängern herausgegebenen Zeitschriften, bei der die »Crisis« (1832—34) — bezeichnender Untertitel: »Der Wechsel von Irrtum und Elend zu Wahrheit und Glück« — den Ausgangspunkt bildete. Von den nachfolgenden Zeitschriften wollen wir die »New Moral World« besonders hervorheben, eine Zeitschrift übrigens, in der auch der junge Friedrich Engels Beiträge veröffentlichte. Daneben stehen zahlreiche kleine und größere Werke. Erwähnung verdienen dabei vor allem »The Book of the New Moral World« und »The Revolution in the Mind and Practice of the Human Race or the coming change from Irrationality to Rationality« (1849). Das »Buch von der neuen moralischen Welt« ist ein mehrbändiges Werk, dessen erster Teil 1836 erschien und dem 1842 bzw. 1844 weitere Teile folgten. Es handelt sich dabei gewissermaßen um Owens Hauptwerk, in dem er seine Lehre vom Menschen und von der Gesellschaft umfassend darstellt.

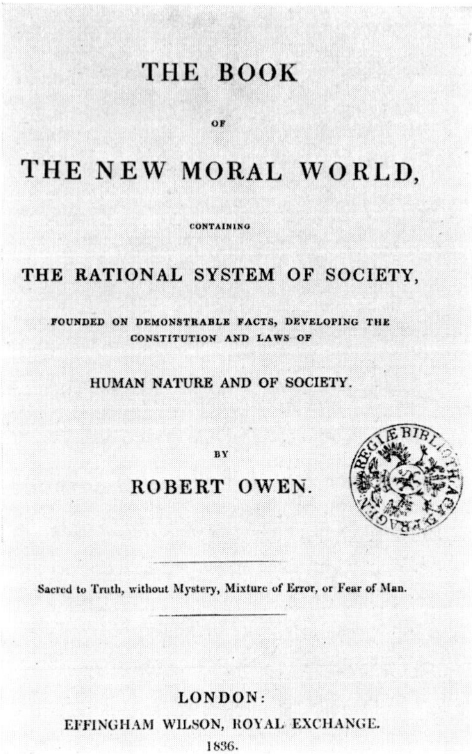
THE BOOK

OF

THE NEW MORAL WORLD,

CONTAINING

THE RATIONAL SYSTEM OF SOCIETY,

FOUNDED ON DEMONSTRABLE FACTS, DEVELOPING THE CONSTITUTION AND LAWS OF

HUMAN NATURE AND OF SOCIETY.

BY

ROBERT OWEN.

Sacred to Truth, without Mystery, Mixture of Error, or Fear of Man.

LONDON:
EFFINGHAM WILSON, ROYAL EXCHANGE.
1836.

Titelblatt der Erstausgabe von Owens »Buch der Neuen Moralischen Welt«

In diesem Buch begegnen wir all jenen Gedanken und Elementen seiner Lehre wieder, die bereits in früheren Arbeiten eine Rolle gespielt haben. Hier aber sind sie nun in ein großes Gesamtkonzept eingebunden, das von der Darstellung der Elemente menschlicher Natur und dem Einfluß äußerer Umstände sowie der Erziehung über die gemeinschaftliche Produktion materieller Güter und deren gerechter Verteilung bis hin zur gesellschaftlichen und staatlichen Ordnung reicht. Breiten Raum nehmen wiederum die Darstellung und Verurteilung der »Hauptübel« der kapitalistischen Gesellschaft — Privateigentum, bürgerliche Form der Ehe und Religion — ein. Ausführlich widmete er sich den »notwendigen Bedingungen für das menschliche Glück« und verwies auf die Notwendigkeit einer auf kollektiver Basis beruhenden Ordnung der Gesellschaft, die Schaffung einer Gemeinschaft, deren Einrichtungen und Gesetze in Einklang mit der menschlichen Natur stehen. Owens Bemühungen liefen darauf hinaus, die verschiedenen Elemente der Wissenschaft von der Gesellschaft zu einem »allgemeinen System« zu vereinigen und so eine Gesellschafts*wissenschaft* zu begründen.

Die Gesellschaft, monierte er, »ist nie als Gegenstand der Wissenschaft aufgefaßt worden. Niemals ward auch nur der leiseste Versuch gemacht, Ordnung und System in die Einrichtungen zur Vereinigung von Menschen zu bringen«. (18, S. 262) Mit seinem »Buch von der neuen moralischen Welt« wollte Owen dafür den Grundstein legen. Daß er damit an Grenzen stieß, die objektiv im Entwicklungsstand der Gesellschaft lagen und die notwendig im Utopischen gipfeln mußten, darauf hat Engels im »Anti-Dühring« aufmerksam gemacht. (10, 20, S. 247) Hinzu kommen allerdings, besonders in seinen letzten Lebensjahren, zunehmend auch subjektive Grenzen. Seine Distanz zu der sich zunehmend formierenden Arbeiterbewegung, etwa in Gestalt des Chartismus, die weitgehende Ablehnung des Klassenkampfes und politischer Aktionen, sein unerschütterlicher Glaube daran, daß allein durch Appelle an die Regierenden und durch beispielhafte Projekte eine grundlegende Umwälzung aller gesellschaftlichen Verhältnisse möglich sei, sind Ausdruck dafür. Das soll jedoch in keiner Weise seine Verdienste schmälern. Völlig zu Recht zählt ihn Engels zu »den bedeutendsten Köpfen aller Zeiten« (10, 7, S. 541) und erinnert daran: »Alle gesellschaftlichen Bewegungen, alle wirklichen Fortschritte, die in England im Interesse der Arbeiter zustande gekommen, knüpfen sich an den Namen Owen.« (10, 20, S. 245) Das betrifft nicht allein die von ihm initiierten Gesetze zur Beschränkung der Arbeitszeit, insbesondere für Kinder, und zur Reform der Armenfürsorge, sondern ebenso auch die Genossenschafts- und Gewerkschaftsbewegung, in der Owen eine führende Rolle spielte. Mögen derartige Organisationen seinerzeit noch verhältnismäßig geringe Erfolge aufweisen, so legten sie doch wichtige Grundsteine für den weiteren Kampf der Arbeiterklasse. Mit seinem Wirken hat Robert Owen viel zur Entwicklung dieser Klasse und zu ihrer Aufklärung beigetragen, wenngleich er — wie wir gesehen haben — ihr noch nicht den richtigen Weg weisen konnte.

Robert Owen starb am 17. November 1858 in seiner Heimatstadt Newtown. In seinen letzten Lebensjahren hatte er noch mit einer Autobiographie »The Life of Robert Owen written by himself« den Versuch einer Bilanz seines Lebens unternommen, brach jedoch seine Erinnerungen ab, bevor er zum amerikanischen Projekt in New Harmony hätte Stellung nehmen müssen. Das mag durchaus symbolisch sein. Für eine Gesamtwürdigung seines Lebens und Wirkens allerdings gilt, was er auf seinem Sterbebett gesagt haben soll: »Mein Leben war nicht nutzlos. Ich brachte der Welt wichtige Wahrheiten. Und wenn sie ihrer nicht achtete, so weil sie sie nicht verstand. — Ich bin meiner Zeit voraus.« (18, S. 332)

Erbe und Verpflichtung

MIT Robert Owen erreichte eine bedeutende Etappe in der Geschichte des vormarxistischen Sozialismus und Kommunismus, die Marx und Engels im »Manifest der Kommunistischen Partei« mit der Charakterisierung als »kritisch-utopistisch« treffend kennzeichneten und zugleich bewerteten, ihren Höhepunkt.

Die kritisch-utopistischen Sozialisten und Kommunisten waren kritisch, weil sie erkannten und aussprachen, daß auch nach der Überwindung der alten, feudal-aristokratischen Gesellschaft und der Machtergreifung durch das Bürgertum kein grundlegender Wandel hinsichtlich der gesellschaftlichen Probleme erfolgte. Statt des erwarteten und verheißenen ewigen Friedens wurde Europa von neuen Kriegen überzogen, der Gegensatz von arm und reich war nicht beseitigt, sondern weiter verschärft worden, die zahlreichen kleinen Eigentümer erlagen mehr und mehr der übermächtigen Konkurrenz des großen Kapitals und Grundbesitzes. Elend und Verbrechen nahmen zu, massenhafte Arbeitslosigkeit auf der einen, erbarmungslose Kinderarbeit auf der anderen Seite, all das kennzeichnete die Situation. Die kritisch-utopistischen Sozialisten und Kommunisten unterwarfen sie einer schonungslosen Kritik.

In dieser Kritik bestimmten sie zwar sehr klar das Ziel der sozialen Bewegung, nämlich »die Beseitigung des Systems der Lohnarbeit mit all seinen ökonomischen Bedingungen der Klassenherrschaft« (10, 17, S. 557), aber die gesellschaftlichen Bedingungen waren noch nicht so weit gereift, daß ihre erneute Umwälzung unmittelbar bevorstand. Außerdem mangelte es der Arbeiterklasse, die einzig dazu berufen war, diese Umwälzung zu vollziehen, noch an Organisation und Bewußtheit. Daher waren die kritisch-utopistischen Sozialisten und Kommunisten auch gezwungen, diese fehlenden historischen Bedingungen für eine proletarische Revolution »durch phantastische Bilder und Pläne einer neuen Gesellschaft zu kompensieren, in deren Propaganda sie das wahre Mittel des Heils sahen. Von dem Moment an, da die Bewegung der Arbeiterklasse Wirklichkeit wurde, schwanden die phantastischen Utopien, nicht weil die Arbeiterklasse das Ziel aufgegeben hatte, das diese Utopisten anstrebten, sondern weil sie die wirklichen Mittel gefunden hatte, sie zu verwirklichen, weil an die Stelle phantastischer Utopien die wirkliche Einsicht in die historischen Bedingungen der Bewegung trat und die Kräfte für eine Kampforganisation der Arbeiterklasse sich immer mehr zu sammeln begannen.« (10, 17, S. 557)

Die Klassiker des Marxismus haben sich bei verschiedener Gelegenheit zu Saint-Simon, Fourier und Owen als »Vorläufer des modernen Sozialismus« bekannt, sie als »Patriarchen« und »Stifter des Sozialismus« gewürdigt und ohne Zögern erklärt, daß sie stolz darauf seien, von ihnen ebenso abzustammen wie von Kant, Fichte und Hegel. (Vgl. 10, 19, S. 229; 10, 18, S. 301; 10, 19, S. 193 und S. 188) Lenin verweist ausdrücklich auf die Quellenfunktion und spricht vom »Besten, was die Menschheit im 19. Jahrhundert . . . hervorgebracht hat«. (11, 19, S. 4) Zu Recht — wie wir nachzuweisen versuchten — haben sie betont, daß die »großen Utopisten« »bei aller Phantasterei und bei allem Utopismus zu den bedeutendsten Köpfen aller Zeiten gehören und zahllose Dinge genial antizipierten, deren Richtigkeit wir jetzt wissenschaftlich nachweisen« (10, 18, S. 516) und ihre Schriften wertvoll sind und bleiben werden. (Vgl. 10, 16, S. 235) Mit ihren scharfsinnigen Analysen und kühnen Zielstellungen haben die kritisch-utopistischen Sozialisten und Kommunisten wesentlich der wissenschaftlichen Weltanschauung der Arbeiterklasse vorgearbeitet, und sie haben gleichzeitig einen wertvollen Beitrag zur Aufklärung der Arbeiterklasse geliefert. Zugleich war und ist es allerdings nötig, bei aller Hochachtung vor den Leistungen und den zahlreichen Gemeinsamkeiten, auch entschieden und nachdrücklich die Differenzpunkte aufzuzeigen, die zwischen dem vormarxistischen, utopischen Sozialismus und Kommunismus und dem wissenschaftlichen Kommunismus bestehen. Die Klassiker des Marxismus-Leninismus haben beides getan. Sie verbanden stets die Würdigung mit der Warnung, die Irrtümer der Vorläufer nachzuvollziehen. Marx exemplifiziert das an den Positionen des politischen Indifferentismus, wenn er — auf die Vertreter des kritisch-utopistischen Sozialismus und Kommunismus bezogen — schrieb:

Manifest

der

Kommunistischen Partei.

Veröffentlicht im Februar 1848.

Proletarier aller Länder vereinigt euch

London.

Gedruckt in der Office der „Bildungs-Gesellschaft für Arbeiter"
von J. E. Burghard.
46, Liverpool Street, Bishopsgate.

Titelblatt der Erstausgabe des »Manifest der Kommunistischen Partei« von Karl Marx und Friedrich Engels, der Geburtsurkunde des wissenschaftlichen Sozialismus

»Wenn wir aber kein Recht haben, diese Patriarchen des Sozialismus zu verleugnen, . . . müssen wir uns doch hüten, in ihre Fehler zurückzufallen, die, würden sie von uns begangen, unverzeihlich wären.« (10, 18, S. 301)

Der in diesem Zusammenhang herangezogene Vergleich, daß es sich beim Verhältnis von wissenschaftlichem und vormarxistischem Sozialismus ähnlich verhalte wie beim Verhältnis von moderner Chemie und Alchimie, ist treffender nicht auszudrücken. Dennoch enthalten die Lehren der Utopisten eine Fülle von Aussagen über die zukünftige Gesellschaft, die für die Gestaltung des realen Sozialismus auch in der heutigen Zeit immer noch von Interesse sein dürften und wertvolle Anregungen bieten, über die sich weiter nachzudenken lohnt. Erinnert sei hier nur an das, was über die Aufhebung des Gegensatzes von Stadt und Land, über die Änderung des Charakters der Arbeit, über das Bildungswesen, zur Architekturkonzeption oder zur Verwandlung des Staates in eine bloße Verwaltung der Produktion gesagt wurde. Diese kühnen, für die damalige Zeit allerdings von vornherein zur Illusion verurteilten Gedanken, geraten heute immer stärker aus dem Bereich bunter Träume in den der unmittelbaren Aufgabenstellung.

Wir hatten eingangs die Feststellung getroffen, daß inzwischen bereits vieles von dem Wirklichkeit wurde, wovon die Utopisten seinerzeit nur träumen konnten. Die nähere Bekanntschaft mit diesen Ideen wird dem Leser vor Augen geführt haben, daß sich unsere sozialistische Gesellschaft als deren wahre Erbin beweist.

Die Ergebnisse, die in dem langen, opferreichen Kampf der Arbeiterklasse erzielt wurden, zeigen, daß diese progressiven und wahrhaft humanistischen Anliegen durchaus erreichbar sind, auch wenn sie von deren Gegnern in Vergangenheit und Gegenwart immer wieder als illusionär und phantastisch hingestellt, kurzum als utopisch diffamiert wurden. Das kann uns einerseits mit berechtigtem Stolz erfüllen und gibt uns die Berechtigung, die Leistungen, Vorzüge und Werte des realen Sozialismus angemessen zu würdigen. Andererseits zeigt es, daß selbst die kühnen Träume der Utopisten nicht so phantastisch waren, um nicht in die Wirklichkeit gesetzt zu werden, denn dieser Widerspruch zwischen Utopie und Wirklichkeit enthielt bereits die Tendenz seiner Lösung in sich.

Auch unsere Zeit braucht Ideale, sie braucht den Widerspruch zwischen Erreichtem und neuen, höheren Zielen, braucht den Blick in die Zukunft, weil daraus Vermögen und Bereitschaft erwachsen, das Vorhandene zu erweitern und zu verbessern sowie Neues zu schaffen. Saint-Simon, Fourier und Owen können uns hier durchaus ein Vorbild sein.

Übersicht wichtiger utopischer Denker

1516 Die berühmt gewordene Schrift »Ein wahrhaft goldenes und ebenso erheiterndes Büchlein über den besten Staatszustand und über die neue Insel Utopia« des bekannten englischen Humanisten und Lordkanzlers THOMAS MORE (Morus) erscheint in lateinischer Sprache.

1524—1527 Großer Deutscher Bauernkrieg, die erste frühbürgerliche Revolution in Deutschland

1524 THOMAS MÜNTZER fordert in der »Fürstenpredigt« und der »Hochverursachten Schutzrede« eine soziale Ordnung, in der Privateigentum und die daraus folgende Ungleichheit überwunden und soziale Gerechtigkeit garantiert sind.

1526 Der Tiroler Zollbeamte und Schreiber MICHAEL GAISMAIR entwirft in der »Tiroler Landesordnung« das Modell einer vom Volk getragenen demokratischen Republik.

1526/27 Der Nürnberger Buchdrucker JOHANN HERGOT veröffentlicht die Schrift »Von der neuen Wandlung eines christlichen Lebens«, in der eine Gesellschaft der Gleichheit und Gerechtigkeit gefordert wird.

1602 In neapolitanischer Kerkerhaft entsteht »Der Sonnenstaat« des italienischen Dominikanermönchs und Philosophen TOMMASO CAMPANELLA; das Werk kann jedoch erst 1623 erscheinen.

1619 Unter offensichtlichem Einfluß von Campanellas Werk, das er im Manuskript kannte, beschreibt der schwäbische Pfarrer JOHANN VALENTIN ANDREAE einen utopischen Staat, den er »Christianopolis« nennt.

1627 Ein Jahr nach dem Tode des namhaften Philosophen und Politikers FRANCIS BACON, dem Stammvater des englischen Materialismus, gibt dessen Privatsekretär die Fragment gebliebene Gesellschaftsutopie »Neu-Atlantis« heraus, in der

Bacon die Entwicklung der Wissenschaft als entscheidendes Mittel zur Verbesserung des gesellschaftlichen Lebens angibt.

1640 Das englische Parlament beginnt die bürgerliche Revolution gegen den Absolutismus. Sie endet 1649 mit der Hinrichtung Charles I.

1652 publiziert der Viehhirt GERRARD WINSTANLEY sein kommunistisches Gesellschaftsprogramm »Gesetz der Freiheit«. Bereits in den Jahren 1648 bis 1651 hatte er eine Reihe sozialphilosophischer Pamphlete und Traktate veröffentlicht.

1675—1679 Mit der Veröffentlichung der »Geschichte der Sevaramben« von DENIS VAIRASSE D'ALAIS beginnt das utopisch-kommunistische Denken auch in Frankreich Fuß zu fassen und gewinnt rasch an Bedeutung.

1699 In Deutschland entstehen mit dem von oppositionellem Geist getragenen, anonym herausgegebenen Roman »Der wohleingerichtete Staat des . . . Königreichs Ophir« und JOHANN CONRAD DIPPELS »Christenstadt auf Erden« die ersten sog. Staatsromane, eine spezifische Form der Utopien.

1699 Ohne das Wissen seines Autors, des französischen Aufklärers FÉNELON, wird der Erziehungsroman »Die Abenteuer des Telemach« veröffentlicht. In der unmittelbaren Tradition von Vairasse und Fénelon entstehen in Frankreich eine Fülle von Utopien in aufklärerischem Sinne, u. a. FOIGNYS »Abenteuer des Jacques Sadeur« (1705) und die »Reisen und Abenteuer des Jacques Massé« (1710) von TUSSOT DE PATOT.

1729 stirbt der Dorfgeistliche Abbé JEAN MESLIER und hinterläßt ein von beeindruckenden sozial- und religionskritischen Positionen geprägtes »Testament«. Diese sich durch einen streitbaren Materialismus auszeichnende Schrift wurde erst 1762 teilweise, 1864 vollständig veröffentlicht und leitete eine neue Etappe im utopischen sozialistischen und kommunistischen Denken ein.

1731 Von JOHANN GOTTFRIED SCHNABEL erscheint die »Wunderliche Fata einiger Seefahrer«, die in der Tieckschen Neufassung den Titel »Die Felseninsel« erhielt.

1741 publiziert der dänische Schriftsteller und Journalist LUDVIG HOLBERG die utopische Satire »Nicolai Klims unterirdische Reise«.

1751—1755 Der französische Aufklärer und utopische Kommunist MORELLY gibt innerhalb kurzer Zeit drei Schriften (»Der Prinz«, »Basiliade« und »Gesetz der Natur«) heraus, in denen er sich der Beschreibung von Idealstaaten widmet.

1768 Die dem bekannten französischen Aufklärer FONTENELLE zugeschriebene »Philosophenrepublik« erscheint.

1770 Der Benediktinermönch DESCHAMPS verfaßt die Schrift »Die Wahrheit oder das wahre System«, in der er von der Aufklärung geprägte utopisch-kommunistische Auffassungen entwickelt.

1770 Der namhafte deutsche Aufklärer und Dichter CHRISTOPH MARTIN WIELAND stellt in »Sokrates Mainomenos« ein utopisches Staatsideal vor.

1776 GABRIEL BONNOT DE MABLY entwickelt und begründet in »Über die Gesetzgebung« seine utopisch-kommunistischen Gesellschaftstheorien.

um 1775 Der große französische Philosoph und Enzyklopädist DENIS DIDEROT schildert in »Nachtrag zu einer Reise des Bougainville« einen kommunistischen Idealstaat.

1789 Mit dem Sturm auf die Bastille beginnt die Große Französische Revolution, die die Entwicklung nicht nur Frankreichs, sondern ganz Europas beeinflußt.

1792 In Berlin erscheint anonym die Schrift »Über den Menschen und seine Verhältnisse« des deutschen Aufklärers und Utopisten CARL WILHELM FRÖLICH.

1792 FRANZ HEINRICH ZIEGENHAGEN veröffentlicht in Hamburg die »Lehre vom richtigen Verhältnisse zu den Schöpfungswerken«, in der er ein großes Projekt für eine bessere Zukunft der Menschheit unterbreitet.

1793 WILLIAM GODWIN fordert in der aufsehenerregenden Publikation »Untersuchung, die politische Gerechtigkeit betreffend« eine radikale Reform der Gesellschaft.

1794 Gemeinsam mit Pierre-Sylvain Maréchal verfaßt der französische Revolutionär und bekannte Vertreter des utopischen Gleichheitskommunismus FRANCOIS-NOËL BABEUF das »Manifest der Gleichen«. Als Führer der »Verschwörung der Gleichen« wird er drei Jahre später hingerichtet.

1800 Der bedeutende Vertreter der klassischen deutschen Philosophie JOHANN GOTTLIEB FICHTE entwickelt in der Arbeit »Der geschlossene Handelsstaat« von kleinbürgerlich-republikanischen Positionen aus utopische Vorstellungen über die wirtschaftlichen Aufgaben des Staates.

1800 ROBERT OWEN, der Begründer des kritisch-utopistischen Kommunismus in England, übernimmt die Leitung von New Lanark, wo er sein erstes großes Reformprojekt beginnt.

1802 tritt der französische Philosoph und Soziologe CLAUDE-HENRI DE SAINT-SIMON mit den »Briefen eines Genfer Einwohners an seine Zeitgenossen« an die Öffentlichkeit; er begründet in Frankreich die Richtung des kritisch-utopistischen Sozialismus.

1803 FRANÇOIS-MARIE-CHARLES FOURIER legt in dem Artikel »Universelle Harmonie« die Grundzüge seines kritisch-utopistischen sozialistischen Systems dar.

1828 Der Anhänger babouvistischer Ideen FILIPPO BUONARROTI veröffentlicht eine zweibändige »Geschichte der Verschwörung des Babeuf«.

1828—1830 Unter maßgeblichem Einfluß und der Federführung des Saint-Simon-Schülers ARMAND BAZARD entsteht die »Darlegung der Lehre Saint-Simons«.

1830 Juli-Revolution in Frankreich

1831 In England erscheint »Das Gesellschaftssystem« des Owenisten JOHN GRAY.

1834 Der französische kleinbürgerliche Publizist und utopische Sozialist PIERRE LEROUX verkündet in »Über Individualismus und Sozialismus« christlich motivierte utopisch-sozialistische Auffassungen.

1834—1844 VICTOR CONSIDERANT systematisiert in seinem Hauptwerk »Das gesellschaftliche Leben« die Fouriersche Soziallehre.

1839 ETIENNE CABET begründet mit der Schrift »Reise nach Ikarien« den sog. ikarischen Kommunismus und trägt damit wesentlich zur Verbreitung kommunistischer Ideen bei.

1842 Der utopische Kommunist THEODORE DÉZAMY publiziert das »Gesetzbuch der Gütergemeinschaft«.

1842 Der Schneidergeselle WILHELM WEITLING, führendes Mitglied und Theoretiker des »Bundes der Gerechten«, Begründer des utopischen deutschen Arbeiterkommunismus, veröffentlicht die »Garantien der Harmonie und Freiheit«.

1848 In London erscheint das »Manifest der Kommunistischen Partei« von Karl Marx und Friedrich Engels, die Geburtsurkunde des wissenschaftlichen Kommunismus.

Literatur und Quellennachweis

1 Saint-Simon: Ausgewählte Texte. Mit einem Vorwort, Kommentaren und Anmerkungen von Jean Dautry, Berlin 1957

2 Claude-Henri de Saint-Simon: Ausgewählte Schriften. Übersetzt und mit einer Einleitung hrsg. von Lola Zahn, Berlin 1977

3 Charles Fourier: Ökonomisch-philosophische Schriften. Eine Textauswahl. Übersetzt und mit einer Einleitung hrsg. von Lola Zahn, Berlin 1980

4 Charles Fourier: Theorie der vier Bewegungen und der allgemeinen Bestimmungen. Hrsg. von Theodor W. Adorno, Frankfurt (Main)—Wien 1966

5 Charles Fourier: Die harmonische Erziehung. Ausgewählt, eingeleitet und übersetzt von W. Apelt, Berlin 1959

6 Robert Owen: Pädagogische Schriften. Ausgewählt, eingeleitet und erläutert von K.-H. Günther, Berlin 1955

7 J. Höppner/W. Seidel-Höppner: Von Babeuf bis Blanqui. Französischer Sozialismus und Kommunismus vor Marx. Bd. I — Einführung, Bd. II — Texte, Leipzig 1975

8 H. Simon: Robert Owen und der Sozialismus. Aus Owens Schriften ausgewählt und eingeleitet von H. Simon, Berlin 1919

9 Der Frühsozialismus. Ausgewählte Quellentexte. Hrsg. und eingeleitet von Thilo Ramm, Stuttgart 1956

10 K. Marx/F. Engels: Werke. Berlin 1958 ff.; einschl. Erg.-Bde. und »Grundrisse der Kritik der Politischen Ökonomie« (Gr.)

11 W. I. Lenin: Werke. Berlin 1955 ff.

12 L. Zahn: Utopischer Sozialismus und Ökonomiekritik. Eine ökonomiegeschichtliche Untersuchung zu den theoretischen Quellen des Marxismus, Berlin 1984

13 J. Höppner: Aktuelle Bedeutung und die Problematik des vormarxistischen Sozialismus, in: Deutsche Zeitschrift für Philosophie (Dt. Zt. f. Philos.), H. 9/1982

14 M. Hahn: Die methodische Erforschung des vormarxistischen Sozialismus, Bremen 1982

15 Bürgerliche Revolution und Sozialtheorie. Studien zur Vorgeschichte des historischen Materialismus (I). Hrsg. von W. Förster, Berlin 1982

16 T. Ramm: Die großen Sozialisten als Rechts- und Sozialphilosophen, Bd. 1, Stuttgart 1955

17 A. Bebel: Charles Fourier. Sein Leben und seine Theorien. Hrsg. von J. Höppner, Leipzig 1978

18 H. Simon: Robert Owen. Sein Leben und seine Bedeutung für die Gegenwart, Jena 1905

19 J. Höppner: Zur Freiheitsauffassung Fouriers, in: Dt. Zt. f. Philos., H. 1/1982

20 L. Jauch: Owens neue Ansätze in der politischen Ökonomie, in: Dt. Zt. f. Philos., H. 9/1982

21 Bürgerliche Gesellschaft und theoretische Revolution. Zur Entstehung des wissenschaftlichen Sozialismus. Hrsg. von M. Hahn und H. J. Sandkühler, Köln 1978

22 J. Kuczynski: Menschenrechte und Klassenrechte, Berlin 1978

23 W. Markov: Revolution im Zeugenstand. Frankreich 1789—1799, 2 Bde., Leipzig 1982

24 W. Markov/A. Soboul: 1789. Die Große Revolution der Franzosen, Berlin 1977

25 F. A. Mignet: Geschichte der Französischen Revolution von 1789—1814, Leipzig 1975

26 M. Grimm: Paris zündet die Lichter an. Literarische Korrespondenz, Leipzig 1981

27 A. W. Anikin: Ökonomen aus drei Jahrhunderten, Berlin 1974

28 Philosophenlexikon. Hrsg. von E. Lange und D. Alexander, Berlin 1982

29 Philosophisches Wörterbuch. Hrsg. von Georg Klaus und Manfred Buhr, Leipzig 1975

30 T. Morus: Utopia, Leipzig 1976

Bildnachweis

Akademie der Künste der DDR, Berlin S. 47

Archiv des Verlages S. 10, 21 rechts, 22, 25, 26, 30, 31, 44, 45, 49, 55, 57, 62, 64, 83, 86, 89, 99, 110, 117, 124

Deutsche Staatsbibliothek Berlin/DDR S. 8 (Aufn. W. Reinhold); Porträtsammlung S. 54, 60, 103, 118

Dietz Verlag Berlin S. 108

Franz, Dietrich-E., Jena S. 34, 48, 66, 68, 94, 95, 127, 128

Museum für Deutsche Geschichte Berlin S. 80, 101

Sächsische Landesbibliothek Dresden, Abt. Deutsche Fotothek S. 13, 20, 21 links, 27, 29, 32, 35, 38, 40, 42, 51, 52, 61, 63, 72, 74, 77, 79, 82, 90, 92, 93, 98, 104, 106, 113, 114, 119, 133

Universitätsbibliothek Leipzig S. 2, 71